타문화에 뿌리 내리기

타문화에 뿌리 내리기
Thriving in Another Culture

펴낸날 ‖ 2004년 12월 15일
지은이 ‖ Jo Anne Dennett
옮긴이 ‖ 정운하
펴낸이 ‖ 이순임
펴낸곳 ‖ 올리브나무 프로덕션
　　　　경기도 고양시 일산구 마두 1동 844
　　　　전화 02-2279-6681, 011-9890-6491
　　　　등록번호 제2002-57호

ISBN 89-955024-2-8 03230

이 책은 저자 조 앤 데넷과 호주 에이콘 프레스의 협의에 의하여
한국 내에서의 저작권 및 판권을 본사에 위임하였습니다.

책값 10,000원

타문화에 뿌리 내리기

타·문·화·선·교·를·위·한·핸·드·북

올리브나무

갓 태어난 아기와 같이
복음의 뿌리를 내리려
부르심을 받고
타문화권으로 들어가기로 결단하신
선교사 님께 바칩니다.

머리말

　이 책은 그리스도인들이 타문화 속에서 살면서 효과적으로 선교할 수 있도록 지침을 제공하며, 또한 파송교회와 선교단체가 그리스도의 위대한 계명(마 28:19,20)을 보다 효과적으로 실현할 수 있도록 그 방법과 수단을 제공하려는 목적으로 쓰여졌다.
　하나님은 그리스도인들이 이 세상에서 새로운 방법으로 사명을 감당하도록 역사하고 계신다. "선교운동"은 예전에 선교사를 받아들였던 나라에서 일어나고 있다. 이러한 나라에 세워진 교회들이 지금은 타문화권 사람들을 향해 선교사들을 파송하고 있는 것이다. 따라서 "타문화권에 파송하는 개신교 선교사들의 경우, 21세기의 처음 10년 동안은 서방 국가들에서 파송한 것보다 '제2세계와 제3세계' 국가들로부터 파송하거나 혹은 그 나라들 내에 파송한 수효가 더 많을 것이다."[1]
　그러나 이러한 나라들의 경우, 선교사 지원자들을 준비시키

---

1) 선교핸드북(*Mission Handbook*, 1993), J.A.Siewert, J.A.Kenyon 편, Monrovia, CA:MARC, p.10.

고 훈련시키는 시설 부족 현상이 흔히 드러나고 있다. 따라서 많은 교회와 선교단체가 선교사 지원자들을 선발하고 준비시키는 데 있어서 충분한 경험을 쌓지 못함으로 인하여 나름대로 어려움들을 겪고 있다. 이 책은 바로 이러한 문제를 해결할 수 있도록 도움을 주려는 목적에서 쓰여진 것이다.

   필자의 경우, 주님을 알지 못했는데도 열한 살 때부터 선교사가 되기를 소원했다. 내 꿈은 의사가 되는 것이었는데, 불행하게도 부모님은 교육을 시킬 만한 경제적 능력이 없었다. 그래서 처음에는 간호사 훈련을 받고 간호사로 일하면서 학비를 마련하여 종합대학과 의과대학에서 공부를 할 수 있었다. 그리하여 어렵사리 꿈을 이룰 수 있게 되었고, 마침내 1955년 텍사스 대학 의과대학에서 의학박사 학위를 취득할 수 있었다.

   필자는 의과대학을 졸업하던 해, 대학 내에 있던 기독학생 동아리 모임에 참여함으로써 그리스도인이 되었다. 그후 병원 실습 훈련을 마치고는 컬럼비아 성서대학에 출석하여 복음을 함께 나누고 연구하는 등 선교사 훈련을 받았다. 그때가 기독교적 성장을 이루던 가장 중요한 시기였던 것으로 기억된다.

    마침내 '수단 내지선교회(Sudan Interior Mission)'가 필자로 하여금 회교도들을 위하여 사역하도록 허락하였다. 필자는 1960년에 소말리아로 가서 12년 동안 사막지대 병원에서 의사로서만 봉사하였다. 그러던 중 군사혁명이 발발하여 선교사들은 소말리아에서 추방당할 수밖에 없었다. 그리하여 필자를 비롯한 선교사들 대부분이 에티오피아로 가야 했고, 필자는 그곳 '수단 내지선교회(SIM)' 본부에서 의무 담당관으로 일하면서 선교 학교에서 선교사들과 그들의 자녀들을 돌보게 되었다.

    1973년 말에 필자의 인생에 있어서 획기적인 변화를 경험하게 되었는데, 곧 호주인 사업가 빌 데넷(Bill Dennett)과의 결혼이었다. 이어서 두 아들을 얻고 가정을 꾸려오던 중, 어느새 그 아이들이 10대 소년으로 성장하게 되었고, 그 즈음에 삶의 방식을 새롭게 정리할 필요가 있음을 인식하게 되었다. 또한 호주에서의 생활이 문화적으로 전의 삶과는 다른 변화를 겪은 것도 한 요인이 되었다. 필자는 자신의 정체성과 자존감에 중대한 영향을

끼친 선교사 경력을 상실함으로 인해 심한 갈등을 겪고 있었던 것이다. 이러한 변화와 스트레스를 통해 필자를 보살펴 주시는 주님의 은총이 여러 방법으로 임하셨다.

　호주에서 필자는 선교단체의 협의회와 선교 지원자 위원회에서 봉사했으며, 한 성서대학에서 10년 동안 선교학을 강의했다. 필자는 남편과 함께 개교회들에서 결혼 세미나와 회교도 선교 세미나를 진행하기도 했다. 필자는 또한 10년 동안 상담훈련을 받고 선교사 보고서 관리와 상담 프로그램을 담당했으며, 지금은 '수단 내지선교회(SIM)'에서 의무담당 코디네이터로 일하고 있다.

　이와 같은 다양한 훈련과 삶의 경험을 통해 필자는 독특한 신뢰를 가지고 선교사들의 삶 구석구석까지 보살피는 깊은 관심을 가질 수 있게 되었다.

　졸저가 단기 사역자들과 '자비량 사역자'(정주 사역자)들을 위해 유용하게 쓰이기를 바란다. 많은 선교사 지망생들이 타문화권에서의 사역을 위해 준비하고 훈련받을 수 있는 적절한 시간을 가지지 못하는 것이 사실이다. 이 책에 수록된 정보는 선교사들이 각자의 선교현장에서 이 책에서 이미 언급된 문제들에 직면할 때, 길라잡이로서의 역할을 할 수 있을 것이다. 그리하여 그들이 문제를 해결하는 데 있어서 효율적으로 대처할 수 있도록 해줄 것이다. 각 장의 말미에 제시된 질문들은 독자들에게 한 번 더 생각하고 행동하도록 하는 견인차가 되어줄 것이다.

필자는 평범한 어휘와 간결한 문장을 사용하여 책 전체 양식을 단순하게 하고자 했으며, 인용문과 참조문은 최소한으로 하였다. 그리고 영어를 제2외국어로 사용하는 독자들이 자국어로 쉽게 번역하여 이해할 수 있도록 하였다. 그로 인해 각 주제들에 대한 깊이는 상대적으로 덜할 수 있을 것이다. 관련 주제에 관해 보다 많은 정보를 원하는 독자들은 이 책 마지막 부분에 게재된 추천도서들을 참조하기 바란다.

필자는 성서의 원리는 문화의 근원이 무엇이든지간에 혹은 문화의 흐름이 어떻든지간에 기독교적 삶과 복음증거와 밀접한 상관관계를 갖는다고 확신한다. 필자는 이 책에 제시된 원리들이

선교사들로 하여금 복음을 효과적으로 전달하며 주 예수 그리스도를 영화롭게 하는 삶을 살도록 도움이 되기를 바란다. 또한 이 책에 수록된 지침들이 파송교회와 선교단체로 하여금 온 세상에 복음을 전파하는 노력을 기울이는 데 많은 도움이 되리라는 것을 확신한다.

조 앤 데넷 (Jo Anne Dennett)
시드니, 호주

차 례

머리말 · 6
들어가기 전에 · 15

제1부 타문화권에서의 생활과 사역

1. 선교사역을 위한 준비 · 23

2. 선교사로서의 삶의 실제 · 39

   특별한 스트레스 / 압박감에서 살아남기 / 선교현장 도착 /
   조직 안에서의 사역 / 한번 더 생각하고 행동하기

3. 타문화에 적응하기 · 59

   사례연구 : 잘못된 태도들 / 문화란 무엇인가 / 문화관습 /
   문화충격 / 언어학습 / 한번 더 생각하고 행동하기

4. 복음과 문화 · 73

   사례연구 : 부적절한 행동 / 복음이란 무엇인가 /
   복음과의 관련성 / 복음의 독특성 / 교회개척과 문화 / 기도사역 /
   영적 전쟁 / 영적 싸움에서의 역할 / 한번 더 생각하고 행동하기

5. 선교사의 영적 삶 · 96

사례연구 : 지나치게 분주함 / 그리스도 안에서의 성숙 /
유혹과 죄 / 죄사함의 수단 / 영적 갱신 / 시련과 고난 /
한번 더 생각하고 행동하기

6. 선교사의 사생활 · 115

    그리스도 안에서의 정체성 / 건강한 정신과 감정 /
    성 문제 / 스트레스와 탈진 / 정신적·정서적 갈등의 치유 /
    육체적 측면들 / **한번 더 생각하고 행동하기**

7. 인간관계 · 136

    선교사들의 차이점 / 대화기술 / 인간관계에서의 갈등 /
    갈등의 원인 / 갈등의 해결 / 사례연구 : 동료들과 관계맺기 /
    한번 더 생각하고 행동하기

8. 결혼생활과 가정생활 · 148

    사례연구 : 불화 / 결혼생활의 중압감 / 결혼생활의 향상 /
    가정생활 / 남편과 아내를 위한 개인 목록표

9. 독신생활 · 162

    장점과 단점 / 독신 여성 선교사에 대한 태도 /
    한번 더 생각하고 행동하기

10. 본교회 및 후원자들과의 관계 · 172

기도서신 / 책무 / 본국 휴가 / 귀국 스트레스 /
한번 더 생각하고 행동하기

제2부 선교사 돌보기
― 파송교회와 선교단체들을 위한 지침

11. 선교사 선발과 준비 · 183

선교사 지원자격 / 평가자료 수집 / 예비 인터뷰 /
최종 인터뷰 / 질문하기 / 추가훈련 / 위임예배와 파송 /
한번 더 생각하고 행동하기

12. 선교현장에서 선교사 돌보기 · 195

본교회와 선교단체의 역할 / 목회자와 전문가 파송 /
선교현장에서의 목회적 돌봄 / 한번 더 생각하고 행동하기

13. 본국에서 선교사 돌보기 · 203

실질적 필요를 위한 준비 / 경제적 궁핍 해소 / 목회적 돌봄과
목적 / 상담과 선교보고서 관리 프로그램 / 결론과 추천 /
한번 더 생각하고 행동하기

* 추천 도서 · 222

들어가기 전에

그리스도의 명령과 그리스도인의 책무

하나님께서는 모든 인간들이 자신과 화해하기를 간절히 소망하고 계신다. 다시 말하자면 그들이 지금까지 맺어 왔던 원수관계로부터 친구관계로 회복되기를 원하시는 것이다. 하나님께서 이미 성서를 통해 계시하셨듯이, 이러한 관계회복이 예수 그리스도의 죽음과 부활을 믿는 믿음에 의해 실현되도록 섭리를 베푸셨다.

성서는 인간의 생각이나 전략을 위한 기초가 아니라, 선교를 위한 기초가 되어야 한다. 우리 그리스도인들이 하나님의 나라를 확장하기 위해서는 하나님의 절대무오한 말씀이 필요하다. '모든 성경은 하나님의 영감으로 된 것으로 교훈과 책망과 바르게 함과 의로 교육하기에 유익합니다. 그것은 하나님의 사람으로 하여금 유능하게 하고 온갖 선한 일을 할 준비를 갖추게 하려는 것입니다'(딤후 3:16,17).

우리가 예수를 우리의 구주라고 고백하게 될 때, 스스로 체험한 구원의 은총을 다른 사람들에게 선포하고 싶은 충동을 느끼게 된다. 하나님께서는 우리로 하여금 당신의 구속하시는 사랑과 은총을 알지 못하는 자들에게 복음을 전파하도록 하시는데, 그것은 '하나님께서 우리에게 주신 성령으로 하나님의 사랑을 우리에게 부어 주셨기 때문'(롬 5:5)이다.

오늘날 그리스도의 교회의 주요 목적은 복음을 듣지 못한 자들에게 복음을 전하는 것이며, 복음을 전하는 통로는 바로 하나님의 구원받은 백성이다. '하나님께서는 그리스도를 내세우셔서 우리를 자기와 화해하게 하시고 또 우리에게 화해의 직분을 맡겨 주셨습니다. 곧 하나님께서 사람들의 죄과를 따지지 않으시고 화해의 말씀을 우리에게 맡겨 주심으로써 세상을 그리스도 안에서 자기와 화해하게 하신 것입니다. 그러므로 우리는 그리스도의 사절입니다. 하나님께서는 우리를 시켜서 여러분에게 권면하십니다. 우리는 그리스도를 대신하여 간청합니다. 여러분은 하나님과 화해하십시오'(고후 5:18-20). 우리가 그리스도의 사절이 되는 것은 얼마나 고귀한 소명인가!

위의 성서말씀은 타문화권에서 복음을 전파하는 사명에 대해 균형감을 제시해준다. 선교사들은 많은 시간을 사람들을 방문하고, 접대하고, 그리고 물질적으로 보살피는 데 할애한다. 이러한 활동은 화해사역으로 고려될 수 있는데, 이러한 활동들을 통해 다른 사람들에게 복음을 나누기 위한 문, 즉 화해의 메시지를 전파하는 문을 열 수 있는 것이다.

우리는 복음을 전파하라는 그리스도의 명령에 반드시 순종해야 한다. 여기서 그리스도의 명령과 이에 순종하도록 능력을 베푸시는 그의 약속을 언급한 성서말씀들을 살펴보자.

그리스도의 명령

- '그러므로 너희는 가서 모든 민족을 제자로 삼아서 아버지와 아들과 성령의 이름으로 세례를 주고 내가 너희에게 명한 모든 것을 그들에게 가르쳐 지키게 하라'(마 28:19,20).
- '그의 이름으로 죄를 사함 받게 하는 회개가 모든 민족에게 전파될 것이다'(눅 24:47).
- '너희는 받고 예루살렘과 온 유대와 사마리아에서 그리고 마침내 땅끝에까지 나의 증인이 될 것이다'(행 1:8).
- '너희는 먼저 하나님의 나라와 그의 의를 구하라. 그리하면 이 모든 것을 너희에게 더하여 주실 것이다'(마 6:33).
- '네 마음을 다하고 네 목숨을 다하고 네 뜻을 다하여 주 너의 하나님을 사랑하여라'(마 22:37).
- '이제 나는 너희에게 새 계명을 준다. 서로 사랑하여라. 내가 너희를 사랑한 것과 같이 너희도 서로 사랑하여라'(요 13:34, 15:12).

그리스도의 약속

- "예수께서 다가와서 그들에게 말씀하셨다. "나는 하늘과 땅의 모든 권세를 받았다""(마 28:18).
- "보아라, 내가 세상 끝날까지 항상 너희와 함께 있을 것이다"(마 28:20).
- "아버지께서 나를 보내신 것과 같이 나도 너희를 보낸다"(요 20:21).
- "성령이 너희에게 내리시면 너희는 권능을 받을 것이다"(행 1:8).
- "너희가 내 이름으로 구하는 것은 내가 무엇이든지간에 다 이루어 주겠다. 이것은 아들로 말미암아 아버지께서 영광을 받으시게 하려는 것이다. 너희가 무엇이든지 내 이름으로 구하면 내가 다 이루어 주겠다"(요 14:13,14).
- "나는 이 반석 위에다가 내 교회를 세우겠다. 죽음의 세력이 그것을 이기지 못할 것이다"(마 16:18).
- "보아라, 내가 곧 가겠다. 나는 너희 각 사람에게 그 행위대로 갚아 주려고 상을 가지고 가겠다"(계 22:12).

우리는 우리의 삶과 소명의 최우선 과제가 하나님의 목적과 조화를 이루도록 끊임없이 성서를 상고하고 기도해야 한다.

한번 더 생각하고 행동하기

1. 모든 인간을 위한 하나님의 소원과 목적은 무엇인가?
2. 하나님께서는 자신의 목적을 어떻게 성취하시는가? 목적 실현을 위하여 사용하시는 도구는 무엇인가?
3. 선교사들은 어떻게 복음을 전파하는가? 설교가 유일한 도구인가?
4. 여러분의 선교 비전이 자신들의 생각에 기초하는가? 아니면 하나님의 말씀에 기초하는가? 설명해 보라.
5. 우리가 순종해야 할 선교에 관한 그리스도의 명령을 열거하라. 이에 관한 성서 말씀을 제시하라.
6. 그리스도의 명령을 실현하도록 우리에게 능력을 주시는 그리스도의 약속을 열거하라. 이에 관한 성서말씀을 제시하라.

제 1 부

타문화권에서의 생활과 사역

1
선교사역을 위한 준비

사례연구 : 폴은 새 선교사 파송지역에서 살고 있는 그리스도인이다. 그가 보낸 편지는 장래 선교사가 되려는 이들이 공통적으로 가지는 질문들과 관심을 보여준다. 그의 편지에 나타난 질문들을 숙고하기 바란다.

J. A. 데넷 박사님께

(저는 영어를 쓸 줄 모릅니다. 그러기에 제 모국어로 편지를 쓰는 것을 용서해주시기 바랍니다.)

저는 한 선교잡지에서 '내 백성들이 자라게 하라(Let My People Grow)'2)는 제목으로 쓰인 박사님의 논문을 읽었습니다. 내 친구가 박사님의 글을 번역해 주었습니다. 선교사들이 처음 사역을 시작할 때부터 마칠 때까지 그들을 돕는 문제에 관하여 쓴 것으로 기억합니다. 어떻게 하면 선교사가 될 수 있을까요?

저는 그리스도인으로서 이제 막 걸음마를 시작한 사람으로서 알아야 할 일이 많다고 생각합니다. 아내와 저는 외국에 선교사로 나가는 소명을 받았다고 느낍니다. 저희 부부는 이 문제를 놓고 열심히 기도했으며, 저희에게 이러한 소명을 주신 하나님의 은혜를 가슴 깊이 체험하였습니다.

제가 그리스도인이 된 지는 이제 3년밖에 되지 않았지만 매일 성경을 읽고 있습니다. 제 아내 마리아는 기독교 가정에서 성장하였으며, 성서에 관해 저보다 더 많은 것을 알고 있을 뿐만 아니라, 경건한 여인입니다. 저희 부부는 두 아이를 두었습니다.

저희는 출석하는 교회에서 열심히 성서연구를 하고 있으며, 그리스도를 전혀 모르는 이들에게 복음을 전하는 일에 대하여 목사님으로부터 훈련을 잘 받았습니다. 또한 예수를 믿기로 작정한 형제자매들이 그리스도인으로 자라나도록 돕는 방법에 대해서도 훈련을 받았습니다. 그러나 외국에서 살면서 사역하는 일에

---

2) 이 편지에 언급된 논문 제목은 계간 『복음선교』(Evangelical Mission : Quarterly) 4월호에 실린 조 앤 데넷 박사의 "내 백성이 자라게 하라(Let My People Grow)"이다. 1990, pp.147-152.

관하여는 아는 게 전혀 없습니다. 어떻게 하면 선교사가 될 수 있는지 가르쳐 주시기 바랍니다.

박사님의 도움을 기다리겠습니다. 감사합니다.

폴 올림

(저의 성서 이름을 사용한 데 대하여 양해해주시기 바랍니다. 저의 실제 이름은 박사님이 읽기가 어려울 것으로 생각됩니다.)

사랑하는 폴 형제에게

형제의 편지를 받은 걸 영광스럽게 생각합니다. 나는 형제의 편지를 해석할 수 있기에 영어로 쓰지 않은 데 대해 그처럼 사과하지 않아도 됩니다. 나 역시 형제의 언어로 쓸 수 있기를 희망합니다.

형제와 형제의 아내가 선교사역에 관해 고심하고 있다는 말을 들으니 매우 기쁩니다. 형제가 선교사로서의 준비를 하는 데 도움이 되기를 바랍니다. 형제는 하나님께서 자신을 선교사가 되도록 부르셨다고 확신한다고 말했는데, 선교사가 되는 데 있어서 그러한 확신을 갖는 것은 매우 중요합니다. 또 한편으로는 하나님의 인도하심을 확신해야 합니다. 형제의 확신은 동요를 겪을 수 있습니다. 따라서 어떠한 동요에도 굴하지 않도록 형제의 사명에 대해 객관적인 근거를 확고히 해야 합니다.

이 시점에서 형제가 고려할 수 있도록 몇 가지 질문을 제시하고자 합니다. 여기에 제시된 질문들은 형제가 교회와 상의할 필요가 있는 기본적인 이슈입니다.

- 형제의 교회 목사와 지도자들은 하나님께서 형제를 선교사로 부르셨으며 형제가 선교사역에 적합한 인물이라는 데에 동의합니까?
- 그들이 형제의 해외 선교사역을 위해 재정적으로 돕기로 작정할 수 있습니까?
- 형제와 형제의 가족들이 선교사역에 전심할 수 있도록 기도로 후원하기로 약속한 사람들이 있습니까?
- 형제는 타문화권 사람에게 기독교 신앙을 전파해본 적이 있습니까?

나는 형제가 이러한 문제들에 관하여 목사 및 교회 지도자들과 상의하기를 제안합니다. 성서에서 언급하듯이 그리스도인은 홀로 사역하지 않습니다. 우리 모두는 그리스도의 지체들이며 따라서 다른 지체들은 우리가 주님이 인도하시는 대로 사역할 수 있도록 지원하고 격려해야 합니다.

나는 형제가 이러한 문제들을 고려할 때 형제와 더불어 기도할 것입니다. 형제의 답장을 기다리겠습니다.

주 안에서 평안하기를, 데넷 박사

데넷 박사님께

　박사님의 편지를 받고 기뻐 어쩔 줄 몰라 하다가 곧장 친구에게 달려가 해석을 부탁했습니다. 제 친구는 미국 대사관에서 일하고 있는데, 영어 실력이 탁월합니다. 제 아내와 저는 박사님의 편지를 읽고 또 읽었으며 내용에 관해 토론도 했습니다.
　박사님의 편지를 목사님께 보여드렸더니 목사님은 박사님이 제시한 질문들에 관해 곰곰이 생각하셨습니다. 목사님은 장로들을 소집하여 박사님의 편지 내용을 나누었습니다. 그들은 저와 제 아내를 인터뷰한 후, 하나님께서 저희를 선교사로 부르셨다고 믿었습니다. 그들은 박사님의 편지를 교인들에게 보여주면서 반응을 요구했습니다. 그 결과 저희들의 선교사역을 위한 재정위원회가 결성되었고, 두 명의 경건한 여성 교인들이 저희들을 위한 기도그룹을 만들었습니다. 저는 교회가 저희들을 이처럼 격려하고 후원한 데 대해 진심으로 감사하게 생각했습니다.
　박사님은 제가 타문화권 사람에게 기독교 신앙을 전파한 적이 있는지를 물으셨습니다. 제가 사는 도시에는 다른 나라에서 온 난민촌이 있습니다. 저는 그곳을 방문하곤 하는데, 그들을 볼 때마다 애처러운 마음이 들어 어찌할 바를 몰랐습니다. 그들은 저희 나라 말을 할 줄도 몰랐고 읽을 줄도 몰랐으며, 그러니 직업을 구하거나 상점에서 물건을 살 줄도 몰랐습니다. 그들은 깊은 두려움에 빠져 있었으며, 매일매일의 일상생활 속에서 상실감에 빠질 수밖에 없었습니다. 그리고 아이들은 학교에서 완전히 엉망진창이었습니다. 저와 제 아내는 주일 오후마다 그들을 방문하였는데, 그들은 저희들을 볼 때마다 매우 행복해 했습니다. 그들은 저희가 무슨 이유로 자신들에게 그처럼 신경을 써주는지를 물은 적이 있었습니다. 저는 마음속에서 우러나오는 예수님의 사랑 때문이라고 대답해 주었습니다. 저는 그들과 점점 친숙해질수록 그들에게 예수에 관해 증거할 수 있기를 희망하였습니다.

저와 제 아내는 저희 교회에서 배출한 최초의 자원 선교사인데, 이 모든 것이 전교인들에게는 완전히 새로운 경험이었습니다. 박사님은 저희들의 문제를 이해하시리라 생각하기에 다른 질문을 드리고자 합니다.

저희들이 해외 선교사로 파송받기 전에 해야 하거나 혹은 생각해야 할일이 있습니까?

주 안에서 폴 올림

폴 형제에게

목사님과 교회가 선교사가 되려는 형제의 소망에 대해 매우 긍정적으로 응답했다니 주님의 놀라운 은총이 아닐 수 없습니다! 형제를 선교사로 파송함으로써 교회는 이 세상에 하나님의 나라를 확장하는 사명과 역할을 성취할 수 있게 될 것입니다. 형제가 선교사로 파송되면 그들은 선교사 가족을 파송하는 최초의 경험을 얻게 될 것이기 때문에 형제는 자신의 모든 계획과 활동에 대해 그들에게 상세하게 알려줄 필요가 있습니다. 그들이 형제를 위해 지원하고 기도할 때마다 함께 동역한다는 의식을 갖고 한 팀의 일원으로 느낄 필요가 있습니다. 형제가 타문화권에서 노심초사 사역을 감당하고 있을 때, 그들은 형제의 '생명선(life-line)'이 될 것입니다.

나는 형제가 난민들에게 관심을 가졌다는 내용을 매우 관심있게 읽었습니다. 그들이 타국에 들어와서 살아가면서 두려움과 혼란을 겪었다고 묘사했는데, 그것이 바로 형제가 타문화권에 들어가서 느끼게 될 동일한 정서일 것입니다. (한 민족의 문화는 자신들의 언어를 통해 표현되는 자신들의 특별한 가치, 신념, 관습들입니다.) 형제와 형제의 가족들은 그 난민들의 궁핍과 동일화될 수 있습니다. 형제는 타문화권에 들어가자마자 낯선 언어, 관습, 자녀의 학교 문제 등과 씨름해야 합니다. 나는 형제가 이처럼 궁핍한 사람들에게 복음을 전하고자 할 때, 형제와 더불어 기도할 것입니다.

형제는 선교사로 파송되기 전에 해야 하거나 혹은 생각해야 할일이 있는지에 대해 물었는데, 물론 형제가 해야 할일이 몇 가지 있습니다. 이에 대해 성서는 이렇게 가르치고 있습니다. '우리 주 예수 그리스도께서 오실 때에 여러분의 영과 혼과 몸을 흠이 없고 완전하게 지켜주시기를 빕니다'(살전 5:24). 이 구절은 타문화에서 살면서 행하는 사역을 준비할 때 주의를 기울여야 할 삶의 모습을 말하고 있습니다. 일반적으로 우리는 정신을 통해 하나님과 관계를 가지며, 육체를 통해 이 세상과 관계를 갖게 되고, 다른 사람들과는 영혼을 통해 관계를 갖게 됩니다. 그러므로 성령께서 우리의 본성을 다스리도록 해야 합니다. 정신과 영혼과 육체는 각각 분리된 것이 아니라, 서로 영향을 끼치며 존재합니다. '즐거운 마음은 얼굴을 밝게 하지만 근심하는 마음은 심령을 상하게 합니다'(잠 15:13).

형제의 정신상태와 가족의 정신상태는 매우 중요합니다. 지금은 모든 것을 잘할 것이라고 생각할 수 있지만, 형제를 지원하는 교회에서 가르침과 친교가 부족하게 되면 사정은 달라질 것입니다. 형제는 적대적인 환경에 처해서도 주님과 친밀한 관계를 유지하는 법을 배워야 합니다.

비기독교적 신념과 관습들에 물든 사람들에게 복음을 전파할 때, 형제는 자신이 사탄과 귀신들의 표적이 된다는 사실을 발견하게 될 것입니다. 형제가 사탄에 대적하여 승리하기 위해서는 에베소서 6장 10-18절에 묘사된 영적 전쟁의 무기들을 사용하는 법을 배워야 합니다.

형제의 영혼 역시 준비와 훈련이 필요합니다. 사전적 의미로 보면 영혼이란 '감정, 마음, 의지의 기관'입니다. 우리는 끊임없이 이 세상의 거짓 가치들의 영향을 받고 있습니다. 우리는 무엇에 대해 생각하는 일이나, 일상생활에서 겪게 되는 혼란과 충격 그리고 선택에 대해 느끼는 감정이나 반응에 대하여 성령의 다스림을 추구해야 합니다. 사도 바울은 이렇게 충고하고 있습니다. '여러분은 이 시대의 풍조를 본받지 말고 마음을 새롭게 함으로 변화를 받으십시오'(롬 12:2).

매일 하나님의 말씀을 묵상하고 기도하는 일은 이 세상과 육적인 것과 사탄의 억압을 극복하는 수단이 됩니다. 이것들은 형제와 형제의 아내가 선교사로서의 고귀한 소명을 효율적으로 감당하기 위해서 바로 지금 다루어야 하는 매우 중요한 문제들입니다.

육신의 건강 역시 매우 중요합니다. 형제는 가족들을 신뢰할 만한 의사에게 데려가서 형제의 선교사역의 계획을 설명해 주어야 합니다. 그러면 의사는 형제가 건강한 몸을 가지고 사명을 다할 수 있도록 모든 가족들을 진찰하고 혈액검사를 할 것입니다. 또한 의사는 형제에게 선교현장에서 유행하는 질병들을 예방하기 위해 면역주사를 맞도록 충고해줄 것입니다. 형제는 이러한 일들이 전혀 영적인 일 같지 않으며, 오직 주님께서 형제와 형제의 가족들을 돌보아 주신다고 생각할지도 모릅니다. 그러나 형제가 기억해야 할 한 가지 사실이 있습니다. 형제의 육체는 성령께서 거하시는 전이므로 형제는 자신의 육체를 건강하게 돌보아야 한다는 것입니다. 만약 형제나 형제의 가족들이 자주 아프게 되면 형제는 선교사역을 제대로 감당하지 못하게 됩니다.

내가 주는 정보가 형제의 해외 선교사역을 준비하는 데 있어 실제적인 아이디어를 제공하고, 이를 통해서 구체적인 진전이 있기를 희망합니다.

주님의 평안이 함께하길 빌면서,

데넷 박사

데넷 박사님께

박사님의 편지는 저희에게 행해야 하고 생각해야 할 점들을 시사해 주었습니다. 저는 해외선교사가 된다는 것은 단순히 비행기에 몸을 싣고 다른 나라로 가는 것 이상이라는 사실을 깨닫기 시작했습니다. 사실 저는 제 자신이 선교사로서의 역량이 있는지 의심스럽습니다. 저는 설교를 잘하지도 못하며 좋은 교사도 못됩니다. 박사님께서는 하나님께서 저처럼 평범한 사람을 자신의 도구로 사용하실 수 있다고 생각하시는지요?

폴 올림

폴 형제에게

만약 내 편지가 형제에게 선교사로서의 역량을 의심스럽게 했다면 미안하게 생각합니다. 형제는 하나님께서 형제처럼 평범한 사람을 도구로 사용하실 수 있는지에 대해 물으셨지요? 위대한 교사나 설교자는 세상의 관점에서 본다면 성공한 사람이라 할 수 있습니다. 그러나 성서는 하나님의 방식이 우리의 방식과는 다르다는 것을 보여줍니다. 하나님께서는 지극히 비천하고 평범한 사람을 택하셔서 자신의 사역을 행하게 하십니다.

'형제자매 여러분, 여러분이 부르심을 받을 때에 그 처지가 어떠하였는지 생각하여 보십시오. 육신의 기준으로 보아 지혜있는 사람이 많지 않고 가문이 훌륭한 사람이 많지 않았습니다. 그런데 하나님께서는 지혜있는 사람들을 부끄럽게 하시려고 이 세상의 어리석은 사람을 택하셨으며, 강한 사람들을 부끄럽게 하시려고 이 세상의 약한 사람을 택하셨습니다. 하나님께서는 세상에서 비천한 사람과 멸시받는 사람을 택하셨으니 곧 잘났다고 하는 사람들을 없애시려고 아무것도 아닌 사람들을 택하셨습니다. 그것은 아무도 하나님 앞에서는 자랑하지 못하게 하시려는 것입니다'(고전 1:26-29).

어느 누구도 타문화권에서 복음을 선포하는 중요한 과제를 감당할 역량이 있다고 생각하지 못할 것입니다. 나 역시 선교사로 지원했을 당시, 사명을 감당할 역량이 부족하다고 느꼈습니다. 그러나 부족하다고 느낄수록 주님께 더욱더 의지하게 되었습니다. '우리는 이런 일을 할 수 있는 자격이 우리에게서 나왔다고는 생각하지 않습니다. 우리의 자격은 오직 하나님께로부터 나옵니다'(고후 3:5).

다음달에는 '선교사 오리엔테이션 코스(Missionary orientation Course)'를 운영하게 되는데, 형제와 형제의 아내를 초청하고 싶습니다. 여러분은 이 코스를 통해 많은 효과를 얻게 될 것입니다. 물론 여러분이 의사소통에 불편함이 없도록 통역이 준비되어 있습니다. 이 코스에 관한 주제들을 요약한 안내문을 비롯하여 언제, 어디서 개최되는지에 대한 구체적인 내용과 경비 등에 관한 정보를 동봉합니다.

형제가 이 코스에 참여할 수 있도록 동봉한 자료를 목사님께 드려서 교회가 형제에게 도움을 줄 수 있기를 바랍니다. 이 코스는 모든 선교사 지망생들이 이수해야 할 필수과정이라고 생각합니다. 형제가 이 코스에 참여하여 얻게 되는 주요한 효과 중의 하나는, 형제처럼 같은 처지에 놓인 다른 지망생들과 친분을 쌓는다는 것입니다.

또한 타문화권 선교사들을 파송하기 시작한 가정교회들과 선교단체들에 관한 정보를 동봉합니다. 확신하건대 이 정보는 형제와 형제의 아내를 해외선교사로 파송하기 위해 준비하는 목사님과 교회 선교위원회에게 많은 도움이 될 것입니다.

주 안에서, 데넷 박사

데넷 박사님께

선교사 오리엔테이션 코스에 관한 정보를 보내주셔서 대단히 감사합니다. 이 자료가 저희 부부에게 매우 유익하리라 확신합니다. 이 자료를 목사님께 보여드렸으며, 목사님은 이 자료를 보시고 교회 지도자들과 협의하셨습니다. 그들은 마침내 저희 부부가 이 코스에 참가하는 것이 유익하다는 데 동의하였습니다. 그러나 이 시점에서 교회가 저희들의 참석을 위해 모금할 수 있는 형편은 아닙니다.

이 코스에 관해 좀더 구체적으로 말씀해주실 수 있겠습니까? 이 코스가 정말로 유익하고 흥미롭게 여겨집니다. 참가자들에게 주는 인쇄물을 받아볼 수 있을까요? 그에 대한 경비는 지불할 것입니다.

박사님은 저와 같은 많은 사람들에게 일일이 답장을 써주시리라 생각하기에 항상 매우 분주하시리라는 것을 압니다. 그렇지만 저희는 타문화권 선교에 관한 책을 가지고 있지 않습니다. 저희 나라에서는 어디에서 이러한 정보를 얻을 수 있는지 알지 못합니다. 아마도 저희처럼 모국어로 된 정보를 얻지 못하는 많은 선교사 지망생들이 있으리라 생각합니다. 박사님께서 이러한 정보에 대해서 저술하시면 좋을 듯합니다!

주 안에서 형제, 폴 올림

폴 형제에게

더 많은 정보를 얻고자 하는 데 대해 사과할 필요가 없습니다. 형제와 같은 사람들에게 답장을 쓰는 것이 나에게는 큰 즐거움입니다.

선교사 오리엔테이션 코스에 관한 자료들을 소포로 보냅니다. 자료를 받아보시면 알겠지만, 단순한 어휘와 간단한 문장으로 표현하고자 노력했습니다. 형제의 친구가 이 자료를 번역하는 데 더 용이하기를 바랍니다.

형제가 이러한 주제들을 생각하는 데 있어서 이 자료가 물꼬를 트는 역할을 하기를 기대합니다. 형제가 사는 지역에 형제의 모국어로 진행하는 '선교사 훈련원(Missionary Training Institute)'이 있을 것이라고 생각합니다. 형제가 있는 데서 가까운 곳에 선교사 훈련원이 어디에 있는지 찾아서 알려드리겠습니다. 형제는 형제의 가족 훈련 프로그램과 경비에 관해 목사님과 교회에게 알려줄 필요가 있습니다. 그들은 이런 훈련이 형제가 선교사역을 준비하는 데 유익하다는 것을 알게 될 것입니다.

형제의 생각을 함께 나누고 싶거나 의문 나는 점이 있으면 전혀 부담 갖지 마시고 연락하시기 바랍니다. 해외 선교사역을 준비하는 형제와 형제의 아내를 위해 항상 기도할 것입니다.

주 안에서 사랑과 기도를 전합니다.

데넷 박사

추신: 이러한 주제들에 관해 저술하도록 격려해주신 데 대해 감사드립니다. 나는 이 주제들에 관해 이미 책을 써오고 있으며, 책이 출판되면 형제에게 보내드리겠습니다. 그런데 형제의 모국어로 번역하는 일이 남아 있을 것입니다!

사례연구에 관한 질문

해외 선교사역을 준비하는 데 있어 폴의 경우와 관련있는 여러분의 경험에 관해 생각해보라.

1. 하나님은 여러분을 어떻게 선교사로 부르셨는가? 하나님은 이러한 사역을 감당하는 데 있어서 하나님 자신의 섭리가 있음을 어떻게 여러분에게 알려주셨는가?
2. 여러분 교회의 목사와 지도자들은 당신의 소명을 인정했는가?
3. 여러분이 의존할 수 있는 기도와 재정적 후원은 어떠한가? 이러한 후원들은 여러분이 선교사역을 감당하기에 적절한 것인가?
4. 여러분의 모교회가 여러분의 계획과 필요한 것들을 이해할 수 있도록 여러분은 그들에게 어떻게 알려줄 것인가?
5. 여러분은 정기적인 성서연구와 기도시간을 가지고 있는가? 여러분이 모교회 및 교인들과 헤어졌을 때, 주님과의 교제가 여러분을 유지시켜 주기에 충분하다고 생각하는가?
6. 여러분의 육체적, 정신적, 정서적 상태는 어떠한가? 여러분은 타문화권에서 사명을 감당하기에 충분히 건강한가?
7. 여러분의 선교사 훈련은 선교사역 준비를 위해 적합한가? 더 많은 연구를 위해 필요한 계획은 무엇인가?[3]

---

[3] 선교사 지망생에 대한 평가, 인터뷰, 선발 등에 관해서는 제2부에서 논의할 것이다.

2
선교사로서의 삶의 실제

폴은 타문화권에서 선교사역을 행하기를 희망하고 있다.
타문화권에서 그를 기다리고 있는 것은 무엇인가?

새 선교사가 타문화권으로 들어갈 때, 그는 마치 이 세상에 새로 태어나는 것과 같은 과정을 경험을 하게 된다. 타문화권으로 들어가는 것과 이 세상에 새로 태어나는 것은 모두 환경과 생활 유지에 있어 극적인 경험을 맞게 하는 것이다. 갓난아이는 어머니의 뱃속에서 보호받고 영양을 공급받으면서 형체를 이루어가다가 이 세상에 태어나자마자 냉혹하고 낯선 세상과 맞닥뜨리게 된다. 생명선인 탯줄이 어머니로부터 끊어지자마자 갓난아이는 이 세상의 공기를 들이마시도록 자극을 받게 되며 심장과 허파는 어머니가 공급해오던 생명 유지 기능을 맡아야 한다. 갓난아이는 이제 완전히 새롭고 낯선 환경 속에 아무런 도움도 없이 생존해야 한다. 그러고 나서 수년이 지나서야 갓난아이는 스스로 생명을 유지할 수 있게 된다.

이와 마찬가지로 선교사 지망생 역시 훈련받는 동안에는 본 교회와 교인들의 보호와 격려 속에 즐거움을 누리며 또한 안정감과 양육 받음을 느끼게 될 것이다. 그는 익숙한 환경 속에서 편안하게 지내다가 새로운 문화권으로 들어가는 즉시 가족, 친구, 교회가 지원해오던 연결고리로부터 끊기게 된다. 그는 그동안 누려오던 익숙한 환경의 안락함으로부터 떠나게 된다. 그는 이제 마치 아무런 도움을 받지 못하는 갓난아이처럼 되어, 현지 언어를 할 줄도 모르고 자신의 필요한 것을 표현하지도 못하게 된다. 그는 생존을 위해 현지 언어를 말하는 것과 사람들과 관계를 맺는 법을 배워야 한다.

새 선교사가 타문화권으로 들어가면 그는 모든 그리스도인들이 겪는 공통적인 압박감 이외에도 특별한 압박감을 경험하게 된다. 많은 사람이 선교사를 일반 그리스도인들이 겪는 갈등을 초월하여 사는 '슈퍼 성자(super saints)'로 이해한다. 그러나 그것은 선교사가 자신의 소명의 본질로 말미암아 '슈퍼 스트레스(super stress)'에 빠져 산다는 사실을 고려하지 않은 데서 비롯된 잘못된 인식이다. 선교사가 비록 강한 헌신성을 가지고 있을지라도 여전히 '이 보물을 질그릇 속에 담고 있다'(고후 4:7). 선교사역시 다른 그리스도인들과 마찬가지로 정서적, 정신적, 육체적 그리고 영적으로 동일한 압박감 속에 예속되어 있는 것이다.

특별한 스트레스

새 선교사가 타문화권에서 생활하는 동안 상처받기 쉬운 특별한 스트레스는 어떤 것들이 있는가? (후에 이러한 스트레스들을 다루는 법에 관해 논의할 것이다.)

세계복음주의협회(World Evangelical Fellowship)의 연구 보고서에 의하면, 몇몇 나라에서 파송 받은 선교사들이 특별한 문제들에 직면해 있다. 예를 들어 한국에서 온 선교사들은 자녀교육에 있어 부적절한 교육시설의 문제에 직면해 있고, 필리핀에서 온 선교사들은 열악한 재정후원 문제로 고통 받고 있으며, 브라질에서 온 선교사들의 경우에는 비현실적인 기대와 부적절한 신학교육이 주요 문제로 드러났던 것이다.

이러한 문제들은 어느 나라에서 파송된 선교사들이든지 간에 공통적으로 겪게 되는 것이다.

문화(a new culture) : 새 공동체, 새 문화, 새 언어, 새 직업 그리고 새로운 삶의 양식으로 들어가는 것은 이루 말할 수 없는 변화를 수반하게 된다. 새 선교사는 그동안 익숙했던 행동방식을 떠나 완전히 새로운 환경 속에 던져지게 되며, 그로 말미암아 대개는 혼란과 좌절감을 맛보게 된다. 그리하여 새로운 환경 속에서 새 언어, 새 관습, 그리고 새 문화적 단서들을 배우느라 고생을 겪고 있는 동안에 어린아이가 된 것 같은 느낌을 갖게 될 것이다. 생활 속에서 겪게 되는 좋고 나쁜 변화들로 말미암아 많은 스트레스가 야기되는 것이다.

영적 전쟁(spiritual warfare) : 영적 전쟁은 스트레스를 야기하는 또 다른 근원이다. 사탄은 사람들을 그리스도가 없는 삶을 살도록 노예로 만들며, 복음의 사자들을 공격하고 대항한다. 이러한 잔인한 싸움은 선교사에게 영적으로, 정신적으로, 육체적으로 그리고 정서적으로 많은 영향을 끼친다. 선교사는 너무 바쁜 생활로 인해 쉽사리 영적 건조함에 빠져들게 된다. 기독교 사역자들이 극히 드문 지역에서 사람들이 간청하는 요구들은 선교사들로 하여금 기도와 성서연구를 소홀히 하게 할 우려가 있다.

개인 후원(personal support) : 선교사가 본국에 있을 때에 누렸던 개인후원이 선교현장에서 결여될 경우, 이것이 선교사를 곤경에 빠지게 하는 주요 요인이 된다. 선교사는 자신이 익숙해 있던 친교, 친숙한 관습, 그리고 사회 활동들을 그리워하게 될 것이다. 선교사 주변에 그의 내적 싸움을 이해하고 주님이 보시기에 그의 무조건적인 고귀함을 확신시켜줄 사람이 하나도 없을 수 있다. 그의 가치와 신념이 다른 사람들에 의해 끊임없이 부인

됨으로 인해 그의 사기는 점점 꺾이게 될 수도 있다. 이것은 선교사의 자존감이 끊임없이 공격받는 것을 의미한다. 원주민들은 선교사가 자신들의 언어와 관습을 이해하지 못한다고 해서 그를 '어리석은 외국인(stupid foreigners)'으로 간주할 수도 있다. 따라서 선교사의 자존감이 계속적으로 훼손됨으로 인해 원주민들은 그를 쓸모없는 사람으로 여길 수도 있다.

이러한 유형의 압박감으로 인해 선교사는 절망감에 빠지게 되며, 자신이 정말 쓸모없는 인간이라고 느끼게 된다. 또한 선교사는 자신의 외모, 피부색깔, 눈의 생김새 등이 원주민들과 다름으로 인해 자신이 섬기는 그들과 거리감을 가질 수 있다. 원주민들은 친숙하지 않은 것은 수상한 것이기 때문에 자신들의 외모가 최고라고 믿으면서 자신들과 생김새가 다른 선교사를 조롱할 수도 있다. (이것은 어떤 선교사들의 경우에는 유익하게 작용할 수 있다. 예를 들어 라틴 아메리카에서 온 선교사들은 피부색깔, 문화적 배경이 유사함으로 인해 북아프리카에서 환대 받는다.)

동기 (motives) : 동기를 오해하는 것은 선교사들에게는 가슴 아픈 일이다. 원주민들은 선교사가 자신의 개인적 이익을 위해서 자신들의 나라에 왔다고 생각할 수도 있다. 예를 들어 우리가 개발도상 국가에서 벌이고 있는 의료선교는 본국의 그리스도인들로부터 많은 후원을 받아 행해지고 있는 가운데 병원 치료비는 하루에 고작 3실링(미화 50센트)에 불과하다. 그런데 원주민들은 '당신들이 여기서 돈을 벌고 있다'고 말하곤 했다. 그리고 미혼 여성들에게는 '당신들은 여기서 남편감을 찾기 위해 왔다'고도 말했다. 회교도들은 보통 선교사들이 하나님으로부터 상을 얻기 위해 선행을 베푼다고 생각한다.

지나친 기대(expecting too much) : 선교사는 자신 혹은 다른 사람들의 기대로 인해 성취 불가능한 목표를 향해 자주 애를 쓴다. 그러면서 실패했다고 느낄 때마다 심한 좌절감에 빠지게 된다. 이것은 특히 매사를 완벽하게 해야 한다고 느끼는 선교사에게는 특별한 위험이 된다. 예를 들어 일년 내에 현지 언어를 배우기를 기대하는 선교사는 지혜롭지 못한 자이다. 자신의 한계를 인정하지 않으면 선교사는 좌절하게 될 것이다.

또한 선교사는 다른 사람들에 대해 실행 불가능한 기대를 가질 수 있다. 선교사는 선교현장에서 엄청난 희생을 감수하며 살게 될 것이지만, 원주민들은 그러한 것들을 전혀 알지 못할 것이다. 만약 원주민들이 자신의 희생을 이해해주기를 기대하거나, 혹은 자신의 봉사에 대해 감사하게 생각하기를 기대한다면, 선교사는 심한 환상에 젖어 있거나 혹은 실망에 빠지게 될 것이다.

인간관계에서 나타난 갈등(inter-personal conflicts) : 선교사들 중 대략 50퍼센트에 달하는 수효가 동료 선교사들과 함께 사역하는 동안 야기된 갈등으로 인해 현장을 떠난다. 대부분의 선교사들은 사역하는 동안 이러한 갈등으로 인해 비롯된 고통스러운 긴장을 견디며 지낸다. 설상가상으로 민족성, 인격, 교리, 목회 스타일 등의 차이점으로 인해 갈등은 더욱 심화된다.

선교사는 원주민들이 색다르기를 기대하며 동역자들 사이에서 나타난 차이점보다는 그들에게서 나타난 차이점을 인정하도록 더욱 준비하게 된다. 그러나 여전히 원주민들에 대한 오해는 해소되지 않을 것이며, 그로 말미암아 많은 혼란과 스트레스가 야기될 수 있다.

가정생활(family life) : 가정생활에서 겪는 압박감 역시 심각한 것이다. 선교사의 결혼생활은 많은 시간과 에너지를 요구함으로 인해 위협당할 것이다. 만약 남편이 교회 일에 행복하게 빠져 있다면 아내는 가정 일에만 매달려 영적 목회의 결핍을 느낄 것이다. 또한 자녀양육과 교육문제에 관한 관심으로 인해 갈등이 유발될 수 있다. 남편이 외딴 지역에 혼자 남아 사역하는 동안, 아내와 자녀들은 학교 교육 센터에 남아 있게 됨으로써, 가족이 한 주에도 여러 날 동안 서로 헤어져 있을 수 있다. 자녀양육은 부모들의 주요 책임이다. 그러나 아내는 '선교사역'에 투자한 시간보다 자녀들과 함께한 시간이 더 많다는 데 대하여 죄의식을 느낄 수 있다.

재정문제(financial matters) : 만약 선교사를 파송한 본교회가 그를 적절하게 지원할 수 없을 경우, 재정문제는 대부분의 선교사에게 지대한 관심거리가 아닐 수 없다. 선교사는 본국에서 누렸던 생활방식과는 달리, 선교현장에서는 매우 단순한 삶을 살아야만 할 수도 있다. (이것은 저개발국가에 파송된 선교사보다 개발국가에 파송된 선교사가 더욱 많이 겪게 되는 문제이다.) 예전에는 독립적으로 살아오던 사람이 선교사가 되어 재정적으로 다른 사람에게 의존한다는 것은 그다지 쉬운 일이 아니다. 선교사는 자신이 보다 광범위한 팀의 일원이라는 점을 인식할 필요가 있다. 즉 다른 사람들이 기도와 재정으로 그를 후원하는 동안, 그는 선교사역에 매진해야 한다는 것이다.

정반대의 문화 충격(reverse culture shock) : 선교사가 본국으로 돌아오면 그는 자주 정반대의 문화 충격을 겪게 된다. 이러한 충격은 예상외의 것이므로 본국 문화를 접할 때, 선교현장에서 겪었던 것과 같은 정신적 충격을 다시 받을 수 있다. 선교사는 자신이 떠나 있는 동안 본국에서 발생한 모든 변화에 직면하게 된다. 선교사는 선교현장에서의 생활양식을 본국 문화 속에 적용시키려 할 것이지만, 막상 본국 문화 속에서의 삶은 완전히 다르다는 사실을 발견하게 된다. 선교사와 자녀들은 본국의 가족들, 친구들과 다시 어울림으로 해서 행복해하지만, 다른 한편으로는 선교현장에서 누렸던 사역과 우정을 그리워하면서 슬픔에 빠지게 된다. 선교사 가족은 이러한 상황에서 직면하게 될 뒤섞인 감정에 대비해야 할 필요가 있다.

만약 선교사가 이러한 모든 문제로 인해 억압받은 느낌을 갖게 된다면, 그는 그리스도인들은 도전과 시련을 통해 성장한다는 사실을 기억해야 한다. 선교사가 되는 것보다 더 개인적 성장을 이룰 수 있는 위대한 기회는 없다. 선교사는 주께서 본국에서는 경험해 보지 못한 방법으로 자신의 모든 필요를 충분히 채워

주신다는 사실을 증명할 수 있다. 예수 그리스도에 관한 복음을 듣지 못한 사람들에게 복음을 전하는 것보다 더 위대한 특권은 없다. 그리스도의 이름으로 선교사는 어둡고 절망에 빠진 사람들에게 복음의 빛을 비추어 주었다. 복음은 그들에게 죄사함의 방법과 하나님과 더불어 평화를 얻는 방법을 보여주며, 사탄과 그의 종들에게 속박된 것으로부터 벗어나서 자유를 누리게 해준다. 복음은 영적으로 눈먼 자들에게 빛을 주며 그들을 영생으로 인도한다. 선교사가 되는 것은 모든 가족이 함께 누릴 수 있는 풍요로운 경험이 아닐 수 없다. 선교사가 되는 것은 어느 정도의 희생을 감수해야 하는 것이지만 궁극적으로는 보상받게 될 것이다.

압박감에서 살아남기

따라서 위에서 논의한 모든 압박감의 관점에서 볼 때, 선교사가 타문화권에서 살아남아 활발하게 사역을 감당하기 위해서 필요한 자격은 무엇인가? 영적 성숙이 제일 중요한 자격일 것이다. 이 점에 관해서는 많은 지면을 할애하여 다루게 될 것이다 (제5장을 보라). 일반적으로 말해서 선교사는 타문화권에서 적응하고 인내하며, 겸손하게 행하고 인간관계를 잘 맺을 수 있는 역량을 갖추어야 하며 감수성이 예민해야 한다. 그러므로 선교사는 다음과 같은 생존방법을 반드시 배워야 한다.

• **가르침을 잘 받는 태도**(teachable) : 타문화권에서 영향력을 끼치는 존재가 된다는 것은 모든 생활면에서 겸허하게 배우는 자가 된다는 것을 의미한다. 만약 선교사가 자신을 원주민들에게 모든 지혜를 나누어주기 위해 온 위대한 설교자나 교사로 생각한다면, 그는 복음을 증거하는 제일목적에서부터 실패하는 것일 것이다. 겸손한 종에 대한 가장 심오한 비유는 요한복음 13장에서 찾아볼 수 있다. '예수께서는 아버지께서 모든 것을 자기 손에 맡기신 것과 자기가 하나님께로부터 왔다가 하나님께로 돌아간다는 것을 아시고 잡수시던 자리에서 일어나서 겉옷을 벗고 수건을 가져다가 허리에 두르셨다. 그리고 대야에 물을 담아다가 제자들의 발을 씻으시고 그 두른 수건으로 닦아주기 시작하셨다'(요 13:3-5).

• **쉽게 적응하는 태도**(adaptable) : 선교사는 생각이 다르고 행동이 다른 방식에 대해 쉽게 적응해야 한다. 다르게 행동한다고 해서 그것이 반드시 잘못되었다는 것을 의미하는 것이 아니기 때문이다. 다만 다를 뿐이다. 선교사는 융통성이 있어야 하며, 이러한 사실을 인정하는 것을 배워야 한다. 원주민들에게 영향력을 끼치기 위해 선교사는 원주민 문화에서 좋고 유익한 것을 기꺼이 내 것으로 받아들여야 한다. 만약 선교사가 일과 시간을 중시하는 사회에서 온 자라면, 그는 사람과 사건이 최우선적으로 중시되는 사회에 적합하도록 자신의 태도를 바꿀 필요가 있다. 사도 바울이 쉽게 적응하는 태도를 보여주는 훌륭한 본보기이다.

'나는 모든 사람에게 모든 모양의 인물이 되었습니다. 그것은 내가 어떻게 해서든지 그들 가운데서 몇 사람이라도 구원하려는 것입니다'(고전 9:22).

선교사는 또한 현지 공공기관의 권위에 적응해야 한다. 선교사는 현지 국가에 온 손님이며, 따라서 주인을 마땅히 존경해야 한다. 그런데 현지 관리가 무능력하거나 선교사의 사역활동을 방해하려 들 경우에는 그들을 존경하기가 쉽지 않다. 그럼에도 불구하고 그들의 지위는 존경받아야 마땅하다. '여러분은 주님을 위하여 인간이 세운 모든 제도에 순종하십시오'(벧전 2:13).

• **불화(disagreements)를 조정하는 법**: 선교사가 불화를 조정하는 일은 매우 중요하다. 어떤 문화에서는 수용할 수 있는 방법이 다른 사람에게는 적대적이 되는 경우가 있는데, 이때 선교사는 해결책을 모색해야 한다. 타문화에서는 양측의 차이를 화해시키는 중재자를 사용하는 관습이 있다. 선교사는 불화와 차이점을 해결하는 현지 문화의 방식을 채택해야 한다. 그렇지 않으면 선교사의 사역을 방해하는 해결되지 않은 갈등들이 많이 야기될 것이다.

• **수용하고 용인하는 태도(accepting and tolerant)**: 선교사는 동료 선교사들에 대해 수용하고 용인하는 태도를 가져야 한다. 이것은 근본적인 것이다. 대부분의 선교사가 명백히 다른 관습과 생활방식을 지닌 원주민들을 조정하려 든다. 그러나 그들은 동료 선교사들 사이에도 주요한 차이점들이 있을 수 있다는

사실을 깨닫지 못할 수 있다. 다양한 민족성, 인격 그리고 교리적 차이점을 가진 동료 선교사들과 함께 어울리면서도, 그들은 그러한 차이점을 수용하는 자세에 대해 거의 준비되어 있지 않을 수도 있다. 다른 사람들을 기꺼이 수용하기 위해서 선교사는 이러한 문제에 대한 성서적 태도를 발전시켜야 한다. '그리스도께서 하나님의 영광을 드러내시려고 여러분을 받아들이신 것과 같이 여러분도 서로 받아들이십시오'(롬 15:7).

• **하나님께 쓸모있는 자**(available to God) : 선교사는 일상생활에서 하나님의 목적을 위해 쓸모있는 자가 되어야 한다. 선교사에게 있어 제일 중요한 분은 하나님이어야만 한다. 그 다음이 원주민들을 위한 사역이고, 마지막이 선교사 자신의 일이어야 한다. 효과적인 선교사역에 있어 시간이 종료되는 일은 없다. 선교사가 일상생활 속에서 잠깐 동안 휴식을 가질 수는 있지만, 그것이 하나님께 대한 책임으로부터 벗어나는 것을 의미하는 것은 아니다. 선교사는 다음과 같이 말하는 마음의 태도를 발전시켜야 한다. '주님 제가 여기 있습니다. 저는 뒤쳐진 사무실 일을 정리하고자 합니다. 그러나 오늘 곤궁한 자가 저를 찾아 올 경우, 기꺼이 그를 환영할 수 있도록 저를 도와주소서.' 필자의 경우 개발도상 국가에서 사역할 때 편지 쓰는 일은 쉬웠으나, 분주한 의료선교에 종사했을 때는 종종 위와 같은 마음의 태도를 지니기가 쉽지 않았다.

• **신뢰받을 수 있는 자**(dependable) : 이것은 오늘날 사회

에서는 극히 드문 특성이다. 그러나 그리스도인은 '맹세한 것은 해가 되더라고 변함없이 지키는 사람이어야 한다'(시 15:4). 신뢰받을 수 있고 자기 훈련을 한 선교사는 때와 일에 관계없이 자기 마음 내키는 대로 행하는 선교사보다 훨씬 더 효과적으로 사역을 행할 수 있을 것이다. 책임성은 신뢰받을 수 있게 되는 것의 일부이다. 하나님께 응답하는 태도를 가지는 것 이외에도 선교사는 자신의 선교 팀과 본교회 및 후원자들에 대하여 책임적인 태도를 발전시켜야 한다.

- **끈기 있는 태도**(persevering) : 어떤 일이 어렵고 어리석거나 혹은 비생산적인 것으로 여겨질 때에도 선교사는 끈기 있는 태도로 대응해야 한다. 많은 새 선교사들의 경우, 처음에는 거창하게 시작하다가도 어느 순간에 유성처럼 사라져 버린다. 여기서 바울의 충고를 유념할 필요가 있다. '그러므로 나의 사랑하는 형제자매 여러분 굳게 서서 흔들리지 말고 주님의 일을 더욱 많이 하십시오 여러분이 아는 대로 여러분의 수고가 주님 안에서 헛되지 않습니다'(고전 15:58).

- **실제 기술 습득**(practical skills) : 개발도상국가에서 사역할 경우, 선교사는 일상생활에 필요한 실제 기술을 습득해야 한다. 그중 기초적인 기술들은 이러한 것들이다: 요리하는 법, 씨뿌리는 법, 이발기술, 채소 재배법, 컴퓨터 사용법, 타이프 사용법, 부기 정리법, 교수법, 기초 간호법, 건축하는 일, 우물파는 일과 야외 화장실 만드는 법, 운전, 기계작동 기술 등등.

선교현장 도착

"여기가 이런 곳인 줄 미처 몰랐어!"

대부분의 새 선교사들은 선교현장에 처음 도착하여 생활하는 동안 이렇게 말하곤 한다. 오기 전에 준비를 철저히 했음에도 불구하고 선교현장에 도착하기 전까지는 어느 누구도 현장생활이 어떠할지를 상상하지 못한다. 또한 자신들의 생활에 찾아온 변화들에 대해 어떻게 반응할지도 예측하지 못한다.

많은 선교사가 선교현장에서의 역할이 예상했던 것과 실제가 상당히 다르다는 사실을 발견하게 될 것이다. 선교현장 상황은 자신들의 원래 역할 계획과는 다르게 변할 수 있으며, 원래 계획했던 것과는 다른 일을 하도록 요구받을 수도 있다. 그로 인해 선교사들은 선교 팀의 일원으로서의 자신들의 융통성과 자발성에 대해 도전받게 될 것이다.

필자가 선교현장에 처음 갔을 때 병원 운영을 기대했다. 그러나 막상 도착하고 보니 병원은 사면 벽만 덩그러니 서 있었고, 그 안에는 풀이 무성하게 자라 있었다! 결국 필자는 선교현장에 온 목적을 재평가해야 했다. 즉 의료선교를 하기 위한 것인가, 아니면 교회를 세우기 위한 것인가에 대해 평가한 후, 교회개척을 위한 헌신을 새롭게 하기로 결정했다. 그리고 나서 필자의 집에서 의료사업을 행할 수 있었으며, 이어서 병원건물을 세우고 의료장비를 갖출 수 있게 되었다. 물론 복음전파가 필자의 제일

목적이었음은 분명했다.

새로운 문화권에 도착한 후에 선교사는 속도를 늦출 필요가 있으며, 현지인들과 조정하고 적응하는 데 많은 시간을 투자해야 한다. 선교사는 본래 무슨 일이든지 간에 즉시 시작하려는 경향이 있다. 그러나 처음 몇 달 간은 현지 언어와 문화를 배우는 데 시간을 할애하는 것이 중요하고 유익하다. 그것은 마치 시간을 낭비하는 것처럼 보이겠지만, 장기적으로 볼 때는 매우 생산적이라는 것이 입증될 것이다. 필자는 의사로서 6개월 간 의료사역을 하지 못했다. 그러나 그 기간 동안 언어를 집중적으로 배우고 현지 문화에 적응하는 법을 배울 수 있어 감사하게 생각하였다.

가능하다면 어디에서든지 선교사는 처음 적응하는 기간 동안 자신을 보살피고 이끌어줄 선배 선교사를 만나는 것이 중요하며, 그의 충고를 기꺼이 경청하고 묻고 배워야 한다. 만약 당신이 새로 파송된 선교사라면, 적어도 일년 간은 변화를 요구하는 제안을 삼가는 것이 현명하다. 그러면 당신은 현재 상황이 어떻게 그리고 왜 그대로 유지되는지를 보다 쉽게 이해하게 될 것이다.

회교국가에 처음 도착한 새 선교사가 개종자들을 만들어 내려는 열정으로 가득 차 있었다. 그는 서구식 복음전도 방법을 이용하여 예수를 믿는다고 고백한 모든 자에게 세례를 주고자 했다. 그런데 선배 선교사는 그에게 회교도들에게 있어서 세례는 회교를 떠나는 마지막 단계로 이해되기 때문에 개종자들에게 먼저 성서에 관한 기초지식을 가르치는 일이 현명하다고 충고했다. 개종자에게 세례를 주는 행위는 새로 그리스도인이 된 자들에게 불가피하게 반대와 핍박을 초래한다. 새 선교사는 이러한 방식은 성령에 대한 신뢰가 부족함을 보여준 것이라고 생각하였고, 결국 자신의 생각을 꺾지 않고 자신의 방식을 고집했으며, 선배 선교사들의 충고를 따르지 않았다. 두말할 필요도 없이 그 결과는 뻔했다. 선교 팀은 분열되었고, 새 신자들에게는 혼란이 초래되었다. 만약 그가 선배 선교사의 충고를 기꺼이 받아들였더라면, 그는 더욱 효과적인 선교사역을 감당할 수 있었을 것이고, 다른 사람들과 갈등도 빚지 않았을 것이다.

새 선교사가 선배 선교사들에 대해 취해야 할 긍정적인 태도와 행동은 다음과 같은 것들이다:
- 상황에 대해 인내하기
- 선배의 지위를 존경하기
- 건설적인 제안을 신중하게 제안하기
- 자신의 한계를 인정하기
- 지쳐 있는 선배들을 배려하기

조직 안에서의 사역

선교사의 인격과 목회 스타일은 사람에 따라 다양하다. 어떤 사람은 그룹으로 일할 때 최고의 효과를 내며 동료들의 후원을 필요로 한다. 또 어떤 사람은 충분히 자급자족하며 주변의 자극 없이도 혼자 잘 해낼 수 있다. 동료 사역자들은 이러한 점들을 고려해야 하며, 모든 선교사가 동일한 방식으로 사역하도록 강요해서는 안 된다.

팀 사역(team ministry) : 팀 사역은 대체로 혼자 일하는 경우보다 더 효과적이다. 선배 선교사들은 새 선교사들을 잘 보살필 수 있다. 그리스도인들은 다양한 은사를 가지고 있으며, 선교 팀은 회원들의 다양한 은사들을 이용할 수 있다. 부부가 한 팀으로 사역할 경우 남편의 역할만 고려할 게 아니라, 남편과 아내 모두의 역할과 공헌을 고려해야 한다.

선교 팀 회원들의 장점과 약점도 또한 유리하게 이용될 수 있다. 예를 들면 어떤 회원의 경우는 조직능력은 훌륭하나 개인적 증거능력은 부족할 수 있다. 또 다른 회원의 경우는 복음증거에는 탁월하나 조직하는 일에는 전혀 능력이 없는 경우도 있다. 팀 회원들은 다양한 은사를 가진 회원들에 따라 다양한 사역을 기꺼이 맡겨야 한다.

선교단체(mission agency) : 선교단체에 소속하면 많은 이익을 얻게 된다. 선교단체들은 각 선교사들의 고유한 선교사역에 따라 언어훈련과 문화적응 훈련을 실시할 수 있다. 또한 선교단체들은 현지 당국과의 관계 경험을 통해 비자문제, 직업 허가, 국내에서의 교통문제, 외딴 지역에서 사역하는 선교사들의 생필품 구매 등을 해결해줄 수 있다. 선교단체는 단체 회원들의 의료 및 치과 치료 등을 제공할 수 있으며, 선교사 자녀들의 교육문제를 해결해 줄 수 있다. 선교단체와 관계를 가지지 못한 새 선교사들은 위에서 언급한 공적이고 실제적인 모든 문제를 스스로 해결해야 한다. 이것은 많은 시간을 소모할 뿐만 아니라 심한 스트레스를 야기할 것이다.

자비량 선교사(tent makers) : 어떤 나라들은 이러한 선교사 활동을 허용하지 않으며 선교사들에게 비자를 발급해 주지도 않는다. 그러나 자비량 선교사들은 자신들의 직업이나 구제사업을 빌미로 입국이 허용되기도 한다. 이러한 유형의 사역자들은 사도 바울에게서 그 본보기를 찾아볼 수 있다. 사도 바울은 복음을 전도하고 교회를 개척하는 동안 천막 제조기술을 이용하여 자급자족했다(행전 18:3을 보라). 자비량 선교사는 특별한 사역기술이 필요한데, 예를 들면 복음을 증거하고 신중하게 제자를 만드는 능력이나 종의 마음을 가지고 참된 우정을 이루는 능력 등이다. 자비량 선교사는 개체 교회나 선교단체를 통해 선교현장에서 친교관계를 이루고 복음을 전할 필요가 있다. 자비량 선교사는 영적으로나 정서적으로 성숙해야 하며, 생업과 선교사역 사이에서 균형있게 시간을 이용할 수 있어야 한다.

자비량 선교사는 공동체 안에서의 자신의 정체성과 안전에 관하여 특별한 문제들에 직면하게 된다. 원주민들과 정부 관리들이 자비량 선교사들에 대해 의심의 눈초리를 보낼 수도 있다. 그들은 자비량 선교사들이 자기 나라에 온 동기를 의심할 것이다. '무슨 이유로 당신들은 우리나라에서 일하는가? 당신들 나라에서는 직업을 구할 수 없었는가?', '당신들은 밤에 당신들 집에 온 사람들에게 무슨 말을 하는가?' 또한 가정교회와 후원자들은 자비량 선교사들이 처해 있는 위험한 위치를 인식해야 하며, 그들이 편지에서 언급한 내용들에 대해 주의를 기울여야 한다.

선교사의 사역내용이 무엇이든지간에 그는 모든 사람들의 필요를 마음속에 새겨야 한다. 그들의 물질적 필요에 대해서는 아무런 관심을 기울이지 않으면서 그들에게 설교하는 것은 성서적이 아니다. 선교사는 도시 빈민들, 난민들, 기아와 전쟁 희생자들, 에이즈 희생자들 그리고 그들의 가족들 가운데서 사역할 필요가 있다. 이러한 사람들은 특히 마음의 상처를 받기 쉬운 자들이기 때문에 행위와 말씀으로 자신들에게 그리스도의 사랑이 입증되기를 희망한다.

한번 더 생각하고 행동하기

1. 여러분은 선교사가 일상생활의 문제로부터 자유롭게 살아야 한다고 생각하는가? 여러분의 대답을 기술하시오.
2. 선교생활에 있어 어떤 스트레스들이 여러분에게 특별한 문제일 것이라고 예측하는가? 선교사 가족들의 경우에는 어떠한가?
3. 타문화권에서 겪는 압박감으로부터 살아남기 위해 개발해야 할 자질들은 무엇인가?
4. 사역 팀에게 제공할 수 있는 여러분의 장점은 무엇인가?
5. 사역 팀을 방해하는 여러분의 약점은 무엇인가?
6. 타문화권에서 선교단체와 함께 사역할 때 얻는 이익들을 열거하시오.

3
타문화에 적응하기

사례연구 : 잘못된 태도들

젊은 선교사 부부인 존과 사라는 마침내 그들이 바라던 새 땅에 도착했다. 그들의 주요 과제는 현지인들의 언어를 배우는 것이었다. 그들은 열심히 문법을 공부했으며 새 어휘를 익혔다. 그러나 사람들과 어울려 대화하려고 했을 때, 그들은 불편하게 느껴졌다. 자신들이 실수할 때마다 조롱당하는 것이 불쾌했다. 그들은 다시 어린아이 같은 느낌으로 말하는 것을 배웠다. 사람들은 그들이 자신들의 소명을 위해 자격증을 가졌으며, 많은 교육을 받은 자들이라는 사실을 제대로 평가하지 못하는 듯했다.

그들은 자신들의 안전한 집에서 공부하는 것이 스트레스를 덜 받는다는 것을 알았으며, 밖에 나가 사람들과 어울리면서 겪는 불편함을 피하고자 했다. 남자가 상인들과 흥정하는 것이 더 쉽기 때문에 아내는 남편에게 시장에 다녀오라고 요구했다. 아내는 집에 남아 아이를 돌보는 쪽을 택했다. 사람들은 아이를 축복하는 표시로 아이를 콕 찌르고 살짝 때리기까지 하기 때문에 아내는 아이를 밖에 데리고 나가는 것을 꺼렸다. 아내는 원주민 여자가 자기 아이를 보살피는 것을 절대 원치 않았다. 원주민 보모가 아이에게 무엇을 먹일지 혹은 무슨 일을 행할지 누가 알겠는가!

점차 존과 사라는 자신들이 점점 고립되어 간다는 사실을 알아챘다. 사람들에 대한 두려움과 적대감을 가진 태도가 자신들의 생각을 지배하게 되었다. 그들은 사람들과 말할 때 그들을 아무렇게나 부르거나 심지어 이름 전체를 부르지도 않는 등 경박한 태도로 대했다. 스스로 사람들과 단절한 후, 그들은 더 이상 복음 증거를 하지 않았다. 그들은 하나님께서 자신들을 선교사로 부르시지 않았다고 확신하였으며 결국 본국으로 돌아오고 말았다.

이 부부 이야기는 타문화에 들어가는 잘못된 방식을 보여준다. 그들은 자신들의 우월함과 편견을 가진 태도를 드러냈으며, 결국 그로 인해 사람들로부터 거부당했다. 그들은 자신들을 변명하고 자신들의 실패를 현지인들에게 전가시켰다. 이것은 현지인들에 대한 소외감과 적대감 그리고 소명의식의 결여에서 비롯된, 피할 수 없는 결과였다.

존과 사라가 자신들이 들어간 새 문화에 적응해야 하는 긍정적인 태도는 무엇일까? 비록 현지인들이 그들과 다를지라도 그들을 받아들였다면, 그들은 적응하는 데 도움을 입었을 것이다. 선교사는 현지인들의 행위를 반드시 인정하지 않더라도 있는 모습 그대로 그들을 받아들일 수 있어야 한다. 그렇게 하였더라면 이 부부는 현지인들로부터 그들의 문화에 대해 배울 수 있었을 것이며, 그들 사회에서 일들이 어떻게 행해지는가를 관찰할 수 있었을 것이다. 그 결과, 그들은 현지인들과 우정을 쌓았을 것이며 그들의 관점과 관습에 대한 평가를 발전시킬 수 있었을 것이다.

어떤 선교단체들은 새 선교사는 새 문화에 즉시 몰입할 것을 주장한다. 그는 원주민 가정이나 혹은 근처에 거처를 잡고 오직 그들과 함께 숙식하고 의사소통을 해야 한다는 것이다. 확실히 이러한 환경은 현지 언어와 관습을 배우는 데 도움이 된다! 그 목적은 원주민들과의 유대를 강화할 뿐 아니라, '선교사 게토(missionary ghetto)' 정신 상태가 형성되는 것을 예방하기 위한 것이다. 그런데 기존 교회의 경우에는 이러한 방식이 매우 효과적이다. 그것은 교인들로 하여금 그들과 함께 사역하기 위해 온 새 선교사들을 돌보아야 한다는 책임감을 증진시킨다. 어떤 선교사들의 경우, 이러한 프로그램은 너무 지나치며 견디기 어려운 스트레스를 유발시킨다. 새 문화에 대한 점진적인 접근이 적절할 것이다.

선교사들은 모두 독특한 문화에 태어났으며 그들의 관점과 가치는 그것에 의해 형성된다. 선교사들은 자신들의 민족성에 대해 자긍심을 가지며, 자신들의 관습이 다른 민족의 관습보다 더 우월하다고 생각한다. 선교사들은 복음의 절대 가치를 재평가할 필요가 있으며, 선교사의 관점에 있어서 무엇이 문화적 편견인가를 결정해야 한다. 이러한 것들 중 어떤 것들의 정체성을 규정할 때, 선교사는 비록 그것들이 자신의 생활 속에 깊이 뿌리박혀 있을지라도 성서적이 아닌 개념과 관습은 과감히 포기해야 한다. 그리고 나서 '그것은 다시 원위치로 돌아가도록 하는 관습이 아니야'라는 생각을 끊임없이 할 필요없이 새 문화에 몰입할 수 있게 된다. 선교사의 관점은 '그들의 관습은 다른 것이지 잘못된 것이 아니야'라고 말할 수 있는 것이 되어야 한다.

어떤 그리스도인들은 자신들이 문화의 영향을 받지 않는다고 자칫 잘못 생각한다. 그들은 자신들의 관심은 오로지 복음을 선포하는 것이며 자신들의 시민권은 하늘에 있다고 말한다. 그러나 그리스도인들 역시 여전히 이 세상 속에 있으며, 인류의 일부이고 일정한 기능을 행하기 위해 사회구조를 필요로 한다. 그리스도는 죄 없는 인간존재의 모습으로 인류 가운데 오셔서 살았다. 그의 시민권은 분명히 하늘에 있으나, 인간들에게 하나님의 은총을 계시하시기 위하여 자신을 인간들과 동일하게 여기셨다. 그러므로 우리 선교사들은 복음이 현지인들과 관계를 맺도록 그들의 문화 속으로 들어가야 한다. 선교사들은 자신들이 매우 영적이기 때문에 현지인들의 관습과 가치를 무시할 수 있다고 생각해서는 안 된다.

현명한 선교사는 자신의 문화 속에서 어떻게 지내왔든지 간에 새로운 학습자로서 타문화 속으로 들어가야 한다. 그는 어떠한 우월감이나 혹은 자신이 더 위대한 지식을 가졌다는 생각을 거부해야 한다. 심지어 사도 바울도 자신은 아무런 해답을 가지지 못하고 있다고 인정했다. '지금은 우리가 거울 속에서 영상을 보듯이 희미하게 보지만 그때에는 우리가 얼굴과 얼굴을 마주볼 것입니다. 지금은 내가 부분밖에 알지 못하지만 그때에는 하나님께서 나를 아신 것과 같이 내가 온전히 알게 될 것입니다'(고전 13:12).

문화란 무엇인가

'문화는 신념, 가치, 관습과 그리고 이러한 신념, 가치, 관습을 표현하며, 사회를 하나로 결속하고 거기에 정체성, 존엄성, 안전 그리고 연속성을 제공하는 제도로 구성된 통합 시스템이다.'[4]

---

4) 로잔세계복음화위원회(The Lausanne Committee for World Evangeli-

문화를 고찰할 때 우리는 그것이 여러 층으로 구성되어 있음을 보게 된다. 밖으로부터 관찰해 보면 가장 피상적인 층은 행위(behaviour, 이를테면 관습)이다. 이것은 사람들이 행동하는 방식, 예를 들어 손가락으로 음식을 먹는 행위 등을 포함한다.

안으로 들어가서 보면 가치(values) 층이 있음을 알게 된다. 즉 그들이 생각하는 것은 선하고 옳은 것인 바, 이를테면 사회생활에서의 남녀 구별 같은 것이다.

신념(beliefs)은 더욱 깊은 층에 자리잡고 있으며 진실과 거짓을 가리키는데, 예를 들어 많은 우상들에 대한 신념이 거짓임을 가리킨다.

세계관(worldview)은 문화의 핵심에 자리잡고 있다. 사람들에게 문화의 진수는 무엇인가? 어떤 그룹의 사람들에게는 조상들의 영혼의 현존이 문화의 진수이다. 살아 있는 사람은 그들에게 주의를 기울이고 존경해야 한다. 물질주의는 서방의 세속화된 도시인들의 세계관의 핵심이다. 그것은 생활의 물질적 측면들, 예를 들어 음식, 주택, 물질 소득 등으로 구성된다.

문화에서는 많은 차이점들이 드러난다. 다음과 같이 두 문화의 중요한 것을 비교해 보자:

---

zation)의 윌로우뱅크 보고서(Willowbank Report)에서, 1978.

문화 A	문화 B
• 개인성, 독립성 중시	• 집단 지향, 가족의 명예 중시
• 시간/일 지향의 사람	• 사건 지향
• 비판을 정직한 것으로 간주	• 비판을 수치로 간주
• 차이점을 직접 해결	• 중재자를 이용한 간접 해결
• 평등성, 의견수렴 결정	• 권위, 가부장적 결정
• 젊음의 열정 중시	• 연장자의 지혜 중시
• 기술진보가 최선	• 전통방식이 최선
• 물질주의, 소유 중시	• 정신세계, 정신의 축복 중시

문화관습

새 선교사는 타문화의 문화적 단서들을 배우고 연습해야 한다. 다음은 그에 관한 예들이다.

• 많은 문화에서 인사는 길게 하고 광범위하다. 단순히 빨리 '안녕하세요'라고 인사하는 것은 수용되지 않는다. 인사법은 인사하는 대상자와 그의 가족 한 사람 한 사람의 건강과 안녕을 묻는 것이다. 필자는 의료사역을 하는 동안, 이렇게 인사하는 것이 어려운 일이라는 사실을 알았다. 필자는 대개 '안녕하세요, 어떻게 오셨습니까?'라는 말로 인사하는 경향이 있다. 그런데 이러한 인사는 무례하게 여겨지는 것이었다. 필자는 모든

인사법을 터득해야만 하고, 그러고 나서 환자에게 무슨 이유로 병원에 오게 되었는지를 물어야 했다고 생각한다.
- 이 사회에서 우호적으로 지내도록 허락받은 당신은 누구인가? 그리고 당신은 누구로부터 정중하게 거리를 유지하는가? 당신은 다른 사람들, 특히 노인들과 추장 앞에서 서 있는가, 아니면 앉아 있는가?
- 어느 그룹이 당신에게 접근하기 어려운가? 회교국가에서 남자들은 가족 이외의 여자들과 교제하는 것이 허락되지 않는다. 또한 여자들은 옷을 정숙하게 입어야 하며, 가족 이외의 남자들과 눈이 마주치는 것을 피해야 한다.
- '육체 언어(body language)'는 많은 문화권에서 매우 중요한 것이다. 예를 들어 라틴 아메리카인들은 따뜻하고 우호적인 사람들이며 대화할 때 상대방과 가까이 선다. 영국인들은 매우 내성적이어서 상대방과 거리를 두고 대화하려고 한다. 다른 육체 언어 단서들은 얼굴 표정, 인사, 목소리, 손짓 등이다.
- 분노를 드러내는 것은 어떤 사람들에게는 공격적으로 여겨지며 그들은 재빨리 그러한 감정 표시를 알아챈다. 필자의 병원에서 일하는 한 원주민이 필자에게 말하길 '박사님이 화를 낼 때는 박사님의 목이 빨갛게 변하구요, 간호사의 눈꺼풀이 갑자기 실룩거립니다.'라고 했다. 이 말을 들은 후, 필자는 외향적으로는 항상 평온한 상태를 유지해야 할 것이라고 생각했다.
- 음식 먹는 방식도 문화에 따라 다를 것이다. 어떤 문화에서는

후루룩 소리를 내서 마시고 트림을 하며 음식을 하나도 남기지 않고 깨끗하게 먹음으로써 음식 먹는 즐거움을 만끽하지만, 다른 문화에서는 조용하게 먹고 주인이 충분히 준비했다는 것을 증명하기 위해 접시에 음식을 남겨두는 것이 예의바르게 여겨진다.

선교사는 자신의 문화에 있어 중요한 것들과 새 문화의 중요한 것들을 서로 비교해 보라. 상호간 비교를 통해 그는 새 문화에 적응하기 위해 어디에서 무슨 변화가 필요한가를 이해하는데 도움을 얻을 것이다. 선교사의 행동과 관계는 그가 살고 있는 문화에 합당한 것에 의해 결정되어야 한다. 문화와 기독교적 가치는 다음 장에서 논의할 것이다.

문화충격

선교사는 자신의 문화와 다른 문화 사이에 나타나는 광범위한 차이점에 직면할 때, 문화충격을 경험하게 된다. 처음에는 모든 외래적인 풍물, 향료가 풍부한 음식 향기, 진기한 관습 등이 짜릿하게 보일 것이다. 그러나 흥분은 곧 시들어 버린다. 선교사는 자신을 둘러싸고 있는 그 모든 것들을 제대로 이해하지 못함으로 인해 혼란과 좌절을 겪게 된다. 이러한 정신상태는 현지 언어와 문화관습을 배울 때까지 지속될 것이다. 그것들을 어느 정도 배우고 나면 선교사는 보다 편안한 느낌을 갖게 될 것이다.

선교사의 생활에서 일어나는 변화는 그것이 좋은 것이든 나쁜 것이든 모두 스트레스를 야기한다. 홈스(T. H. Holmes) 박사는 각각의 삶이 변화되는 사건에 의해 야기된 스트레스의 양을 측정하는 저울을 고안해냈다. 예를 들어 직업에서의 변화는 36, 생활조건에서의 변화는 25 등이다. 이 연구에 따르면 사람들이 총 300 정도의 삶의 변화 단위(300 Life-Change Units)를 겪을 때, 그들의 80퍼센트가 치명적인 질병이나 정신적 질병을 앓게 된다고 한다.

선교사가 타문화, 새 나라, 새 언어, 새 생활양식, 새 직업, 새 관계 등에 들어갈 때 겪게 되는 모든 변화를 고려할 때, 그가 엄청난 압박감 속에서 살게 되는 것은 명백한 일이다. 홈스 박사의 저울로 재볼 때, 새 선교사의 총무게는 400 이상인데, 그것은 선교사 생활에서 발생하는 스트레스의 총량이 어떠한가를 생각하게 해주는 것이다.[5] 이 사실은 새 선교사가 초기 적응기간 동안 선배 선교사들의 보살핌을 받아야 할 필요성을 강조하는 것이다.

---

[5] 마이론 로스(Myron Loss), 『문화충격 : 타문화권 생활에서의 스트레스 해소법』(*Culture Shock:Dealing with Stress in Cross-Cultural Living*), Winona Lake, IND:Light & Life Press, 1983, p. 77.

언어학습

새 문화에 적응하는 데에는 현지 언어를 유창하게 말하는 것이 포함된다. 현지인들과 현지 언어나 혹은 '마음의 언어(heart language)'로 의사소통을 하지 못하는 한, 선교사는 효과적인 복음증거를 할 수 없다. 비록 어설플지라도 현지 언어를 배우려는 시도는 현지인들의 방어심리를 누그러뜨리는 데 도움을 준다. 그러나 올바른 발음, 억양, 청취를 배우고 소리를 흉내 내고 숙어(사람들이 공통으로 사용하는 표현)를 배우는 것이 중요하다.

필자는 새 문화에 들어갔을 때, 학문적으로 어휘를 열심히 연구하고 언어학습에 매진했다. 그러나 곧 그것이 진보하는 방법이 아니라는 사실을 알았다. 똑같은 시간을 사람들과 대화하는 데 할애해야 한다는 것을 알았다. 선교사는 현지 언어를 말하는 원주민들로부터 언어를 배워야 한다. 선교사는 언어학습을 위해 시장에도 가야 한다. 먹거리를 사야 할 필요성은 언어학습에 큰 자극이 된다! 현지인들과 사귐을 갖고 그들이 말하는 것을 듣는 것은 효과적인 언어학습의 필수조건이다.

무엇보다도 선교사는 자존심을 버려야 하며, 실수할 때 듣게 될 조롱을 기꺼이 수용할 자세를 갖추어야 한다. 소심한 사람이 현지 언어를 유창하게 말하기 위해서는 외향적인 사람보다 훨씬 더 어려움을 겪을 것이다. 그러나 소심한 사람은 자신의 나약함에도 불구하고 주님께 능력을 주시도록 간구할 수 있다. 선교사는 사역하는 동안 현지 언어로 유창하게 대화할 수 있도록 끊임없이 노력해야 한다.

선교사로 파송받기 전에 먼저 언어학습의 기초과정을 이수하게 되면 매우 유익하다. 위클리프 성서 번역가들(Wycliffe Bible Translators)이 세계 여러 지역에서 운영하는 기초과정 중의 한 과정에 참여하면 많은 유익을 얻을 것이다.6)

또 다른 도움이 되는 자료는 브루스터(E.T. & E.S. Brewster) 형제가 저술한 '언어 학습자를 위한 현장 방법'이라는 부제가 달린 『LAMP』(Language Acquisition Made Practical: Field Methods for Language Learners)라는 책이 있다. 이 자료는 전세계에서 효과적으로 사용되어 왔다. 브루스터는 선교사가 새 문화에 완전히 몰입하여 현지인들과 끈끈한 유대관계를 맺기 위해서는 처음부터 원주민 가족과 함께 살아야 한다고 주장한다.

문화와 언어학습의 중요성을 강조할지라도 선교사는 '내가 사람의 방언과 천사의 방언으로 말을 할지라도 내게 사랑이 없으면 울리는 징이나 요란한 꽹과리가 될 뿐'(고전 13:1)이라는 말씀을 잊어서는 안 된다. 이 말씀을 입증하는 한 예가 있다. 교회에서 오랜 동안 사역해 온 한 사랑스러운 여인이 있었다. 그는 자신

---

6) 그들은 미국 7500 W. Camp Wisdom Road, Dallas, Texas 75236에 위치한 위클리프 성서 번역가 인터내셔널(Wycliffe Bible Translators International)이나 혹은 호주의 Graham Road, Kangaroo Ground, VIC., 3097에 위치한 위클리프 성서 번역가(Wycliffe Bible Translators) 과정에 참여할 수 있다.

이 활동해온 나라에서 선교의 문을 닫자 회교국가로 건너갔다. 그는 그 나라의 말을 할 줄도 몰랐고, 회교도들의 세계관에 대해서도 전혀 아는 바가 없었다. 그러나 현지 사람들은 그 여인에게 끌렸는데, 그 이유는 '우리는 그가 우리를 사랑한다는 것을 압니다.'라고 말하는 그들의 말속에 있었다. 그의 삶은 현지어로 유창하게 설교하는 선교사들의 설교보다 더 대단하게 그리스도의 사랑을 그들에게 증거했다.

선교사의 삶은 현지 사람들이 특히 언어를 학습하는 초기에 읽게 될 주요 메시지이다. 선교사는 자신의 태도와 행위로써 기독교적 삶의 모델을 보여주어야 하며, 만약 그렇지 않을 경우, 그의 메시지는 신뢰성을 잃어버릴 것이다.

한번 더 생각하고 행동하기

1. 새 문화에 들어갈 때 피해야 할 태도와 취해야 할 태도를 열거하라.
2. 문화를 형성하는 것은 무엇인가?
3. 본국 문화에서 중요한 가치를 열거하라. 비성서적인 가치를 언급하라.
4. 새 문화에서 여러분이 가진 가치와 신념은 무엇인가? 비성서적인 가치와 신념을 언급하라.
5. 새 문화에 들어갈 때 여러분의 삶과 당신 가족의 삶에서 일어난 변화를 열거하라. (스트레스 받는다고 느낄 필요는 없다.)
6. 여러분은 언어 학습으로 인해 좌절감을 느끼는가? 만약 그렇다면 변화가 필요한 항목에 표시하라.
   자존심 ☐   근면성 부족 ☐   학습자가 되는 것 ☐
   원주민들과의 교제 ☐   하나님께 능력을 간구함 ☐

4
복음과 문화

사례연구 : 부적절한 행동

선교사는 현지인들이 수용할 수 있는 방식으로 복음을 전하고, 그들의 생활양식을 취해야 한다.

사무엘과 에바는 한 아랍 국가에 선교사로 파송받았다. 그들은 그 나라의 문화에 대해 훈련받거나 아는 바가 전혀 없었지만, 그 나라에서 선교사역을 한다는 데 매우 열정적이었다. 사무엘은 외향적인 사람이었기에 예수 그리스도에 관해 낯선 사람과 대화를 나누는 데 아무런 불편을 느끼지 않았다. 그는 검정색 표지로 된 커다란 성경을 가지고 찻집에 들어가서 사람들과 대화를 나누었다. 그는 회교신앙에 관해서 많이 알지는 못했지만 그리스도의 복음을 그들과 함께 나누고자 했다.

그는 자신의 의견과 다른 사람에 대해서 쉽게 흥분하여 논쟁하려 들었다. 회교도들은 말했다.

"당신의 성경은 원문을 개악해 왔으며 예수는 십자가에 달려 죽지 않았소. 알라 신이 다른 사람을 십자가에 달려 죽게 했소. 그리고 알라 신은 아들을 낳기 위해 여자와 결코 관계하지 않았소. 알라 신은 그러한 신성모독을 금지하셨소."

사무엘은 이런 말을 들을 때마다 화를 내며 강변하곤 했다.

"당신이 바로 신성모독을 하고 있소. 코란은 하나님의 말씀이 아니오. 모하메드는 자신이 하나님과 관계를 가졌다고 생각하도록 당신을 속였소. 오직 예수 그리스도만이 하나님께로부터 왔으며 죽은 자 가운데서 다시 살아남으로써 자신의 신성을 증명하셨소. 보시오, 당신과 같은 회교도들은 죽은 선지자를 섬기고 있지만, 우리 그리스도인들은 살아 있는 구세주를 섬기고 있소!"

사무엘이 찻집을 방문하는 일은 그리 오래가지 않았다. 급기야 그는 자신을 공격하는 사람들로부터 피해야만 했다. 그러나 이러한 것이 예수를 위해 고난을 받는 것이라고 착각하면서 자신은 행복한 사람이라고 느꼈다.

에바는 우호적이고 편안한 여자였다. 그녀는 거리에서 만나는 사람마다 집에서처럼 친절하게 인사를 나누었다. 그런데 기후가 매우 더운 날씨였기 때문에 그녀는 짧은 치마를 입었으며 머리에 스카프를 쓰지 않았다. 사람들은 그러한 그녀를 보고는 불쾌해 했으며, 그녀가 인사해도 받지를 않았다. 그녀가 여인들의 숙소에 들어갔을 때, 그들은 예의바른 사람들이었음에도 그녀를 따뜻하게 환영하지 않았다. 그녀는 그 여인들과 함께 성서 연구반을 운영하려 했으나, 어떻게 해야 그들의 관심을 끌 수 있는지를 알지 못했다.

사무엘 부부와 함께 일한 선교 팀의 선배 목사가 원주민 그리스도인들로부터 그들을 불쾌하게 생각하는 반응에 대해서 들었다. 선배 목사 부부는 사무엘 부부를 저녁식사에 초대하여 그 문제를 상의했다.

"여보게 사무엘, 복음증거에 열심인 당신의 모습을 보니 기쁘기 그지없소. 그러나 당신의 증거 방법이 보다 효과적이어야 한다고 생각하오. 만약 낯선 사람이 당신 동네에 들어와서 당신이 신성하다고 생각한 것을 조롱하기 시작하면, 당신 역시 분명히 그를 좋아하지 않을 것이오. 그렇지 않겠소? 사람들과 대립하면 그들은 매우 방어적인 태도를 취하며 당신이 무슨 말을 하더라도 진심으로 듣지 않는다는 걸 알게 되었소. 당신은 그들과 벌인 논쟁에서 이겼다고 생각할지 모르나, 그들과의 우정어린 관계를 잃어버렸소. 그렇게 되면 당신은 더 이상 그들과 접촉할 수 없게 되오. 당신은 사람들과 우정을 나누는 것이 얼마나 유익한

지를 알게 될 것이오. 그들이 무슨 생각을 하는지 묻고 들어주는 것이 중요하오. 그러면 그들을 위해 기도할 때 당신은 그들과 의미 있는 관계를 맺을 수 있게 되며, 그들과 당신의 기독교 신앙을 나눌 기회가 오게 될 것이오. 그들은 당신이 하는 말을 혼쾌히 들으려 할 것이오. 이러한 방법을 시도해보지 않겠소? 우리는 당신이 그들과 사이좋게 지내기를 기대하오."

목사의 아내는 에바를 부엌으로 데리고 가서 함께 이야기를 나누었다.

"에바, 당신이 사람들을 방문하고 그들 집에 들어가는 모습을 보니 좋아요. 그런데 당신에게 어머니 같은 충고 몇 마디를 할게요. 당신의 옷 입는 모양새와 행동거지가 매우 중요해요. 당신도 알다시피 이 나라 문화에서는 오직 매춘부만이 자신의 다리를 드러내는 짧은 치마를 입고 남자들과 친숙하게 어울려요. 존경받는 여자는 정숙하게 옷을 입으며 낯선 남자들과는 대화하지 않는답니다. 그렇기에 나 역시 이처럼 긴 드레스를 입고 머리에는 스카프를 씁니다. 그리고 오직 남편이 함께 있을 때에만 다른 남자들과 대화를 나눕니다. 당신의 옷 입는 방식이나 행동방식은 그들과 매우 다르네요. 만약 당신이 이러한 사소한 일들로 사람들의 마음에 상처를 준다면, 당신은 그들의 존경심을 얻지도 못할 뿐만 아니라, 그들에게 그리스도를 증거할 수 있는 기회도 잃어버리게 되요. 이 문제를 놓고 기도하지 않겠어요? 사람들을 사랑할 수 있도록 그리고 사람들에게 마음의 상처를 주지 않도록 기꺼이 당신의 행동방식을 바꾸도록 주님께 기도하기 바라요."

사무엘 부부는 선배 목사 부부의 충고를 주의깊게 받아들여 유능한 선교사들이 되었다고 믿는다. 사무엘의 경우는 선교사가 자신의 방식을 고집함으로써, 현지인들과 교제를 나누고 말씀을 증거하는 특권을 얼마나 쉽게 상실하는가 하는 상황을 보여준다. 선교사는 심지어 구원의 메시지를 증거하기도 전에 잘못된 태도와 행동으로 인해 스스로 방해받게 된다. 선교사는 '내가 여기에 온 목적이 무엇인가, 현지인들에 내 방식을 강요하기 위해서인가, 아니면 그리스도를 위한 유능한 증인이 되기 위해 기꺼이 내 삶의 변화를 이루기 위해선가'라는 물음을 신중하게 고려해야 한다.

이 경우 사도 바울이 훌륭한 본보기를 보여준다. 그는 자신의 문화에서는 최고의 교육을 받았고 최고의 지위와 신뢰를 가진 '히브리인 중의 히브리인'이었다. 그는 이렇게 말하고 있다. '그러나 나는 그리스도 때문에 나에게 이로웠던 것은 무엇이든지 해로운 것으로 여기게 되었습니다'(빌 3:7). 그는 기꺼이 자신의 모든 이익을 포기하고 그리스도의 종이 되었다. 선교사도 만약 유능한 선교사가 되기를 원한다면 사도 바울과 같은 헌신을 보여야 한다.

바울은 또한 이렇게 말하고 있다. "나는 어느 누구에게도 얽매이지 않는 자유로운 몸이지만 많은 사람을 얻으려고 스스로 모든 사람의 종이 되었습니다… 나는 모든 사람에게 모든 모양의 인물이 되었습니다. 그것은 내가 어떻게 해서든지 그들 가운데서 몇 사람이라도 구원하려는 것입니다"(고전 9:19, 22). 물론 선교사는 자신의 지위를 복음의 진리와 타협해서는 안 된다. 그렇지만 비본질적인 문제들에 대해서는 융통성을 가져야 한다. 예를 들어 율법주의 전통을 가진 교회에서 파송된 선교사의 경우를 생각해 보자.

그는 그리스도인이 주일날 행해도 되는 무엇인지에 대해 엄격하고 협소한 성서해석에 관해 배웠을 것이다. 그러나 새 문화에서는 주일은 단순히 일주일 중의 한 날에 지나지 않는다. 회교국가의 경우 금요일을 거룩한 날로 여기며, 그날은 일을 하지 않고 예배를 드린다. 율법주의 전통을 가진 선교사가 이 같은 사실을 어떻게 받아들일까? 교회 친교는 오직 주일날에만 행해져야 한다고 주장해야 할까? 그리스도인은 주일날 행해지는 사회활동에 참여해서는 안 된다고 주장해야 할까? 만약 선교사가 이러한 입장을 고집한다면, 그는 단지 성서의 원리나 혹은 자신의 문화적 배경에만 매몰되어 있는 것이 아닐까?

선교사는 같은 방식으로 발생하는 각 문제들에 대해 면밀하게 검토해야 한다. 즉 그 문제가 받아들일 수 있거나 혹은 변화될 수 있는 문화적인 것인가? 혹은 타협할 수 없는 교리적인 것인가?

복음이란 무엇인가

'기쁜 소식'이라고 불리는 복음증거에 관해 생각할 때, 복음의 정의를 고린도전서 15장 1-5절에서 찾아볼 수 있다.

'형제자매 여러분, 내가 여러분에게 전한 복음을 여러분에게 일깨워 드립니다. 여러분은 이 복음을 전해 받았으며 또한 그 안에 서 있습니다. 내가 여러분에게 전해드린 말대로 여러분이 복음을 굳게 잡고 있으면 또 여러분이 헛되이 믿지 않았으면 그 복음으로 여러분도 구원을 얻을 것입니다. 내가 전해 받은 중요한 것을 여러분에게 전해 드렸습니다. 그것은 곧 그리스도께서 성경대로 우리 죄를 위하여 죽으셨다는 것과 무덤에 묻히셨다는 것과 성경대로 사흘째 되는 날에 살아나셨다는 것과 게바에게 나타나시고 다음에 열두 제자에게 나타나셨다고 하는 것입니다.'

간단히 말해서 복음이란 인간에게 구원을 베푸시는 그리스도의 죽음과 부활에 관한 근본 진리이다. 인간은 믿음을 통해 복음 안에 계시된 그리스도의 구속의 은총에 붙잡힌 바 된다. 그로 말미암아 인간은 자신의 반역의 삶을 돌이켜서 모든 삶의 영역에서 그리스도의 통치에 복종하게 된다. '그런데 그리스도께서 모든 사람을 대신하여 죽으신 것은 살아 있는 사람들이 이제부터는 자기들 스스로를 위하여 살지 않고 자기들을 대신하여 죽으셨다가 살아나신 그를 위하여 살게 하려는 것이다'(고후 5:15). 복음은 영원한 구원을 가져다주는 수단일 뿐만 아니라, 그에 응답하는 사람들의 삶을 바로 지금 변화시키는 수단이다.

복음과의 관련성

선교사는 가치관과 신념이 다른 비그리스도인들에게 어떻게 복음을 전할 수 있을까? 첫째, 자신의 세계관을 평가한다. 즉 자신의 세계관이 성서에 기초하는가, 아니면 여전히 자신의 문화에 의해 형성된 옛 개념에 기초하는가? 다른 사람의 세계관을 변화시키려 하기 전에 먼저 이러한 자신의 문제를 정리해야 한다. 그리고 나서 새 문화에서 살고 있는 현지인들의 세계관을 연구하고 이해할 필요가 있다. 앞장에서 사람들의 세계관은 그들에게 진실된 것에 의해 결정된다는 것을 논의했다. 예를 들어 만약 사람들이 죽은 자의 영혼이 그들에게 실제로 나타나며 중요하다고 생각한다면, 그러한 그들의 관점을 단순히 미신이라고 치부해 버릴 수 있는가? 그들에게 단순히 예수를 믿으면 죽은 자에 관해 더 이상 염려하지 않아도 된다고 말할 수 있는가? 결코 그렇지 않다. 선교사는 그들이 정신세계와 가지는 관계성에 대해 더욱 심오하게 이해해야 할 필요가 있다. 그들의 세계관을 제대로 이해하게 될 때, 마침내 그러한 문제에 대한 복음의 메시지를 이해하도록 그들을 이끌 수 있을 것이다.

선교사는 무엇보다도 복음을 증거하도록 촉구하는 그리스도의 사랑이 자신의 소명의 한가운데에 자리잡아야 한다. 선교사는 사람들에게 그들의 영혼을 위해서뿐만 아니라, 일상생활의 필요한 것을 위해서도 사랑어린 관심을 보여주어야만 한다. 선교사의 책무는 자신은 옳고 그들은 잘못되었다는 것을 확신시키는 것이 아니다. 선교사는 그리스도의 구원의 은총을 증거하는 책임이 있으며, 증거한 후에는 성령께서 사람들이 복음의 진리를 받아들여 구원의 확신에 이르도록 역사하시기를 기도하고 신뢰해야 한다.

상황화(토착화, contextualization)란 복음을 문화 범주에, 그리고 사람들의 복음이해 상황의 범주 내에 관련시키는 것을 의미한다. 복음의 메시지는 변경되어서는 안 되지만, 그것을 표현하는 방법은 변경될 필요가 있다. 예를 들어 대부분의 원주민 종족들은 어떤 사물을 생각할 때, 추상적인 어휘로 생각하지 않으며 구체적인 개념들로 생각한다. 그러므로 그들이 교리에 관한 가르침을 이해하기란 쉬운 일이 아닐 수 있다. 그러나 구약성서의 족장설화와 선지자들에 관한 이야기의 경우는 그것들을 자신들의 문화에 적용시킴으로써 쉽게 이해할 수 있다. 예수의 가르침의 경우에도 많은 부분이 비유와 도덕성을 적용시킨 일상생활 이야기들로 전개되었다.

현지인들의 문화에서 성서교리에 적용시킬 수 있는 비유를 찾아야 한다. 예를 들어 어떤 문화의 경우, 어린아이가 적들과 싸우고 난 후에 그에게 '평화 어린이(peace child)'라는 호칭을 붙여준다. 선교사는 이 동일한 호칭을 하나님께서 그리스도의 군사들인 우리에게 붙여주는 비유로 사용할 수 있다. 선교사는 그리스도의 십자가의 화해 능력을 설명하는 비유를 사용하여 아는 사람이든 모르는 사람이든 모든 현지인을 접촉해야 한다. 그들은 자신들에게 낯선 방식으로 설명되는 것보다는 이러한 방식으로 복음을 이해하고 받아들이는 것이 훨씬 낫다.

현대사회에서는 많은 사람이 도시로 이동하기 때문에 전통적 가치와 방식이 뒤에 처지게 마련이다. 사람들은 물질주의와 세속주의 속에 빠지게 됨으로써 압박감에 시달리게 된다. 또한 경제발전을 제일목적으로 삼는 정치 지도자들 역시 이와 동일한 압박감에 시달린다. 선교사는 복음을 현지인들만의 독특한 욕구와 관련시킴으로써, 그들의 삶에 나타나는 영적 공허함을 채우는 방법을 찾아야 한다.

복음의 독특성

선교사는 현지인들이 받아들이기 쉽게 하려고 복음을 왜곡하거나 그로 인해 복음의 메시지를 약화시키지 않도록 주의해야 한다. 그렇게 되면 기독교를 현지인들의 종교와 혼합시키는 혼합

주의에 빠질 우려가 있다. 예를 들어 남아메리카에서 혼합주의가 발생한 경우가 있었는데, 즉 어떤 종족들은 가톨릭의 성모 마리아를 존경하였으며, 그녀를 자신들의 '땅의 여신(mother-earth goddess)'으로 받아들였다. 혼합주의는 언제나 인간의 죄의 본성과 그리스도의 십자가 죽음을 통해 실현되는 구속의 필요성을 깨닫지 못하게 하는 것이다.

혼합주의는 이러한 질문도 제기한다. '그리스도의 복음이 하나님께로 가는 유일한 방법인가?' 어떤 사람들은 누구나 자신들의 종교제도 아래에서 최선의 삶을 살기만 하면 하나님께 인정받는다고 생각한다. 이러한 생각은 그리스도의 죽음을 조롱하는 것이다. 만약 인간이 구원받을 수 있는 다른 방법이 있다면, 왜 예수가 이 세상의 죄를 짊어지셔야 했겠는가? 예수는 자신에 대해 이렇게 말씀하셨다. '내가 곧 길이요 진리요 생명이다. 나로 말미암지 않고서는 아무도 아버지께로 올 사람이 없다'(요 14:6). 바울은 이렇게 설파했다. '예수밖에는 다른 어떤 이에게서도 구원은 없습니다. 우리가 구원받을 이름은 사람들에게 주신 이름들 가운데 하늘 아래에 이 이름밖에는 달리 없습니다'(행전 4:12).

다른 사람들을 이해하고 관용을 베푸는 태도는 여러 다른 종교가 존재하는 나라들에서 중요하다. 그러나 그리스도의 독특성을 이해하는 통찰력을 상실해서는 안 된다. 모든 종교는 하나님을 찾지만 하나님은 그리스도 안에서 사람들을 찾으신다!

교회개척과 문화

복음전파는 현지 그리스도인이 없는 지역에서 선교사가 감당해야 할 책임이다. 앞에서 논의한 모든 원리가 문화적 컨텍스트에서 복음을 증거하기 위해 염두에 두어야 할 중요한 것들이다. 모든 선교사가 은사를 받은 복음전도자들은 아니지만, 그리스도의 증인이 되도록 부름받은 자들인 것만은 확실하다. 선교사는 그리스도의 은혜를 겸허하게 나누는 증인이 되어야 한다. 그것은 마치 빵을 발견한 다른 걸인에게 좀 나누어 달라고 말하는 한 걸인과 같다. 복음증거를 위해 도전과 격려를 동시에 주는 말씀을 베드로전서 3장 15절에서 찾아볼 수 있다. '다만 여러분의 마음속에 그리스도를 주님으로 거룩하게 높이며 여러분이 가진 소망을 설명하여 주기를 바라는 사람에게는 언제나 누구에게나 답변할 수 있도록 준비하십시오.' 이 말씀 중 마지막 부분이 타문화에서 복음을 증거할 때 특히 중요하다. 선교사는 '내 종교가 당신들의 종교보다 더 낫다'고 말해서는 절대 안 된다. 타종교를 믿는 사람들에 대한 이러한 태도는 기독교의 복음증거를 망치게 하는 결과를 초래할 것이다.

필자는 한 선교사가 설교를 한 후, '자, 나는 그들에게 복음을 증거했어! 이제 그들이 복음으로 무엇을 하는가는 그들에게 달려 있는 거야!'라고 말하는 것을 들었다. 비록 그가 자신의 온 영혼을 바쳐 복음을 증거했을지라도 청중들의 영혼에 과연 어떤 영향을 끼쳤을까에 대해서는 의구심이 들었다! 그는 설교를 할 때 기초적이고도 생활에 필요한 최소한의 어휘들을 사용했다. 그의 설교는 사람들에게 아무런 의미도 불러일으키지 못했다. 그러나 그는 자신의 설교가 그들에게 복음에 관하여 완전히 새로운 개념을 제시해 주기에 충분한 것이라고 생각했다.

필자는 서론에서 하나님은 우리에게 화해의 사역과 메시지를 주셨다고 언급했다 (고후 5:18-20). 사역과 메시지 모두 그리스도를 증거하는 수단이다. 선교사들의 사역은 예를 들면 설교하는 일, 가르치는 일, 병고치는 일, 심방하는 일 등 다양하다. 그러나 자신의 사역이 무엇이든 선교사는 자신의 삶과 태도와 행위를 통해 그리스도를 증거해야 한다. 선교사는 사역을 복음전파 이전의 일로, 복음을 함께 나누는 기회를 복음전파로 생각할 수도 있다.

성령께서 사람들의 마음속에서 역사하셔서 그리스도를 믿게 하시기 때문에 선교사의 주요 과제는 제자를 삼는 일이다. 새 신자들은 하나님의 말씀 안에 굳게 서서 성서의 진리를 자신들의 문화 내에서 살아가는 삶에 적용하도록 가르침을 받아야 한다. 선교사는 부모와 같은 자세로 새 신자들을 섬기며 주님의 방식으로 그들을 훈련하고 이끌어야 한다.

필자의 선교사 초기 시절, 한 선배 선교사가 다음과 같은 충고를 했다. '당신 주변에 있는 소수의 사람들에게 관심을 집중시키시오 당신은 모든 사람들에게 영향을 끼칠 수는 없소' 필자는 그의 충고대로 필자와 함께 일하고 있던 병원 근무자들에게 관심을 기울였다. 그 결과 그들 중 몇 사람이 그리스도를 믿게 되었으며, 그들은 꾸준히 성서연구반에 참여하였고, 다른 신자들과 더불어 친교를 나누게 되었다. 후에 알게 되었지만 필자는 디모데후서 2장 2절에 기록된 제자 삼는 법을 사용했던 것이다. '그대가 많은 증인 앞에서 나에게서 들은 것을 믿음직한 사람들에게 전하십시오. 그러면 그들이 다른 사람들을 또한 가르칠 수 있을 것입니다.'

선교 현지에 개체교회나 혹은 신도 공동체가 형성되면, 선교사는 원주민 지도자들에게 그들을 맡기고 자신은 동역자의 위치로 비켜나야 한다. 만약 원주민 지도자들을 계속해서 어린아이처럼 취급하면 교회 성장은 제자리 걸음을 하게 된다.

원주민 지도자들은 교회를 자신들의 문화와 관련시키기 위해 애를 쓸 것이다. 그들은 교회생활의 교리와 관습을 세우는 데 성서원리를 사용해야 할 것이다. 그들은 그리스도인으로서의 성숙도보다는 종족 내에서 혹은 사회적으로 가지는 지위로 인해 쉽게 교회 지도자들로 선출되곤 한다. 그들은 과거 전통방식으로 교회를 치리하려는 압박감에 시달릴 것이다. 그들이 교회 안에서 과거의 관습을 버리고 성서의 원리에 의한 관습을 실천하기란 어려운 일일 것이다.

한 예로 일부다처제 문화를 들 수 있다. 교회 지도자들은 새 신자들에게 여러 명의 아내를 둔 사실에 관해 어떻게 하라고 충고해야 하는가? 한 명의 아내만 남기고 모두 버리도록 요구해야 하는가? 만약 그렇게 할 경우 공동체 안에서 어떠한 지위나 후원 수단을 갖지 못한 다른 아내들에게는 무슨 일이 발생하게 될 것인가? 이러한 문제들에 답하기란 쉬운 일이 아니다. 이러한 경우 자신들의 문화 내에서 발생하는 어떤 행동의 영향을 잘 알고 있는 원주민들 스스로 결정하도록 해야 한다. 선교사는 이러한 문제에 관한 성서의 원리에 대해서 충고해줄 수는 있으나, 그들의 결정을 강요해서는 안 된다.

선교사는 궁극적으로 교회생활에 참여하는 자가 될 것이다. 선교사는 원주민 그리스도인들이 그대로 본받을 수 있는 기독교적 삶의 모델이 되어야 한다. 그는 원주민 그리스도인들을 그리스도 안에서 훈련시키고 양육시키기 위해 자신의 기술을 이용할 수 있어야 한다. 그리고 나면 그들이 교회 개척자가 되어 자신들의 '예루살렘' 안에서 그리고 이 세상 끝까지 위대한 사명을 실현할 것이다.

기도사역

그리스도의 복음으로 어떤 문화에 침투하기 위해서는 기도의 기초를 튼튼히 세워야 한다. 선교사가 매사역의 단계마다 실행에 옮겨야 하는 가장 중요한 사역은 기도사역이다. 그는 처음 원주민들을 대하고 복음을 증거하는 동안 열심히 기도해야만 한다. 그러고 나서 믿음이 돈독한 원주민 교회에서 사역하게 될 때에는 그들을 위해 하나님의 중재자가 되어야 한다. 예수께서는 자신의 중재사역을 통해 우리에게도 이러한 중재사역을 감당할 수 있도록 하셨다. '따라서 그는 자기를 통하여 하나님께 나아오는 사람들을 언제나 구원하실 수 있습니다. 그는 늘 살아 계셔서 그들을 위하여 중재의 간구를 하십니다'(히 7:25).

선교사가 분주하게 생활하는 동안 효과적인 기도사역을 중단없이 훈련하기란 어려운 일이다. 필자에게 선교사 친구 한 사람이 있었는데, 그는 30년 동안 선교사역을 하는 동안 복음전파와 교회개척의 많은 결실을 맺었다. '만약 당신이 또다시 시간을 갖게 된다면, 다른 무슨 특별한 일을 하고자 합니까?'라는 질문을 받았을 때, 그는 지체없이 '더 많이 기도할 것입니다.'라고 대답했다. 선교사는 가르치는 일, 심방하는 일 등을 자신의 주요 사역이라고 생각하고, 그것들을 위해 기도해야 할 것이다. 그러나 기도하는 동안 하나님의 능력주심과 축복하심을 기다리면서 기도를 자신의 주요 과제로 인식해야 한다. 그러고 나면 삶과 사역의 다른 측면들에서 효과적인 영향이 드러날 것이다.

• 기도는 선교사 생활에서 여분으로 선택하는 일이 아니라 최우선적인 일이 되어야 한다. '믿음이 없이는 하나님을 기쁘게 해 드릴 수 없습니다'(히 11:6).

- 선교사는 주님께 전적으로 의존하는 삶을 살면서 기도해야 한다. '너희가 내 안에 머물러 있고 나의 말이 너희 안에 머물러 있으면 너희가 무엇을 구하든지 다 그대로 이루어질 것이다'(요 15:7).
- 선교사는 예수의 이름으로 기도해야 하는데, 그렇게 하는 것은 예수의 특성을 시사하며 그의 말씀 및 의지와 일치하는 것이다. '너희가 내 이름으로 구하는 것은 내가 무엇이든지 다 이루어주겠다. 이것은 아들로 말미암아 아버지께 영광을 받으시게 하려는 것이다. 너희가 무엇이든지 내 이름으로 구하면 내가 다 이루어 주겠다'(요 14:13, 14).
- 선교사는 어떤 일이든지 그 일에 대한 하나님의 뜻을 분별하고 나서 기도해야 하며, 하나님께서 자기 백성들의 기도를 들어 응답해 주신다고 확신해야 한다. '우리가 하나님 앞에서 가지는 확신은 이것이니 곧 무엇이든지 우리가 하나님의 뜻을 따라 구하면 하나님께서는 우리의 간구를 들어주신다는 것입니다. 우리가 구하는 것은 무엇이든지 하나님께서 들어주신다는 것을 알면 하나님께서 구한 것을 우리가 받는다는 것도 압니다'(요일 5:14,15).
- 선교사는 기도를 바르게 하기 위해 하나님의 말씀으로 자신의 정신을 채워야 한다. '여러분은 이 시대의 풍조를 본받지 말고 마음을 새롭게 함으로 변화를 받아서 하나님의 선하시고 기뻐하시고 완전하신 뜻이 무엇인지를 분별하도록 하십시오'(롬

12:2).

- 기도는 성서의 말씀으로 행해야 한다. 예를 들어 다음의 서신들에서 교회들을 위한 바울의 기도를 보자 (참조 : 엡 1:15-23; 3:14-21; 골 1:9-12; 살후 1:11-12).

- 선교사는 성령께서 그의 기도를 인도하실 수 있도록 성령의 뜻을 따라 살아야 한다. '이와 같이 성령도 우리의 약함을 도와주십니다. 우리는 어떻게 기도해야 할 것도 알지 못하지만, 성령께서 친히 이루 다 말할 수 없는 탄식으로 우리를 대신하여 간구하여 주십니다. 사람의 마음을 꿰뚫어 보시는 하나님께서는 성령의 생각이 어떠한지를 아십니다. 성령께서 하나님의 뜻을 따라 성도들을 대신하여 간구하시기 때문입니다' (롬 8:26, 27).

영적 전쟁

예수의 종들이 그리스도를 알지 못하는 타문화에서 복음을 증거하고자 할 때, 여러 모양의 난관에 부딪히게 된다. 복음의 메시지를 공공연하게 반대하거나 복음 증거자들을 정신적으로 압박하거나, 혹은 회심자가 극히 드물어서 낙담하거나 기존의 종교제도와 갈등을 일으키는 등, 다양한 난관들이 도사리고 있다. 또한 귀신의 역사가 횡행하며 여러 모양의 귀신들린 사람들이

널려 있다. 물론 이러한 모든 악의 배후에는 최대의 원수인 사탄이 도사리고 있는 것이다. 이러한 난관을 물리칠 수 있는 유일한 방법은 열성을 다하는 기도뿐이다. 사탄의 요새를 무너뜨리기 위해서 선교사는 영적 전쟁의 무기를 사용하는 법을 배워야 한다.

선교사의 사역에 대적하는 악의 세력들을 묘사하기 위해서 한 선교사의 기도 편지를 인용하고자 한다.

이곳의 많은 사람들, 심지어 그리스도인들조차도 예수께서 귀신의 역사를 물리치시기 위해 이 세상에 오셨으며, 십자가 죽음을 통해 사탄을 파멸시키셨다는 진리를 깨닫지 못합니다. 그들은 예수께서 우리 인간에게 부여하신 자유를 깨닫지 못합니다. 그들은 악한 영혼들이 자신들의 정신 속에 들어왔다는 거짓말을 믿고 두려움과 속박 속에 살고 있습니다.

R과 M은 부부인데 정령 숭배자로 자랐습니다. 가족들 중 누군가가 아플 때마다 그들 부부는 무당(마술사)을 찾습니다. 그리하여 그들은 정령을 달래기 위해 제물을 바치고 전통요법 처방을 받습니다. 그때마다 그들은 자신들을 이러한 정령들에게 속박시킵니다. R이 병들어 시력을 잃고 마음의 평정도 잃어버렸습니다. 그러자 그들 부부는 R을 치료할 수 있다고 약속한 한 종파에 이끌리게 되었습니다. 이곳의 많은 교회들은 이러한 경우, 성서 가르침과 전통마술 요법을 혼합하여 사용하곤 합니다. 그러나 이것은 그들을 더욱 심한 속박으로 밀어넣는 결과를 초래할 뿐입니다. 후에 그들 부부는 한 복음교회에 출석하여 마침내 그리스도

인이 되었습니다. 그러나 그들의 문제는 아직 끝나지 않았습니다. R의 건강이 회복되지 않았던 것입니다.

동료 선교사와 저는 그들 부부를 위해 기도를 시작했습니다. 그러자 그들은 자신들이 정령을 숭배했던 죄를 고백했습니다. 우리는 그들이 조상 때부터 그들을 지배해온 모든 귀신의 역사를 물리치도록 도와주었습니다. 그들은 마침내 여러 정령으로부터 벗어났습니다. 지금 그들 부부는 충만한 평화를 누리고 있으며, R은 마음의 평정을 되찾았습니다.

우리는 그들 부부와 함께 그들을 위해 계속하여 기도했습니다. 경우에 따라 어떤 사람이 죄로부터 완전히 자유하게 되기까지는 상당한 시간이 소요됩니다. 구원받음은 하나의 과정이며, 그리스도인으로서의 성숙에 이르는 데에 지름길은 없습니다. 새로 구원받은 사람은 성령께서 그의 마음을 새롭게 하실 수 있도록 하나님의 말씀을 듣는 법을 배워야 합니다. 그는 이제까지 자신을 속여 왔던 정령들을 인식할 수 있도록 성서의 진리를 배워야 합니다. 또한 그는 자신의 삶을 지배해온 악한 세력을 물리쳐야 하는 책임이 자신에게 있음을 배워야 합니다.

이러한 영적 전쟁을 치루고 있는 우리 선교사들을 위해 기도해 주십시오. 이러한 영적 전쟁으로 말미암아 우리는 정신적으로, 정서적으로, 그리고 육체적으로 서서히 고갈되어 가고 있습니다. 하나님께서 악한 세력의 공격으로부터 우리를 보호하시도록, 특히 개인의 안전과 건강과 인간관계를 보호해 주시도록 기도해 주십시오. 하나님께서 우리에게 사람들의 문제를 야기한 원인이 무엇인지를 분별할 능력을 주시며, 한 세력과 싸울 수 있는 영적 능력을 주시도록 기도해 주십시오.

영적 싸움에서의 역할

- 선교사는 이 세상에서의 지위가 아니라, 그리스도 안에서의 지위를 가지고 영적 전쟁을 치룬다. '우리 주 예수 그리스도의 하나님 아버지께 찬양을 드립니다. 하나님께서는 그리스도 안에서 하늘에 속한 온갖 신령한 복을 우리에게 주셨습니다'; 하나님께서 그리스도 예수 안에서 우리를 그분과 함께 살리시고 하늘에 함께 앉게 하셨습니다'(엡 1:3; 2:6).

- 선교사는 그리스도 안에 있는 자신의 권세를 사용해야 한다. '나는 하늘과 땅의 모든 권세를 받았다. 그러므로 너희는 가서 모든 민족을 제자로 삼아서 아버지와 아들과 성령의 이름으로 세례를 주고, 내가 너희에게 명한 모든 것을 그들에게 가르쳐 지키게 하여라. 보아라, 내가 세상 끝날까지 항상 너희와 함께 있을 것이다'(마 28:18, 20).
'내가 너에게 하늘나라의 열쇠를 주겠다. 네가 무엇이든지 땅에서 매면 하늘에서도 매일 것이요, 땅에서 풀면 하늘에서도 풀릴 것이다'(마 16:19).

- 선교사는 악한 세력을 물리치기 위해 기도의 무기를 사용해야

한다. '싸움에서 쓰는 우리의 무기는 육체의 무기가 아니라 견고한 요새라도 무너뜨리는 하나님의 강한 무기입니다'(고후 10:4).

- 선교사는 하나님의 말씀 가운데 들어 있는 그의 약속들을 선포해야 한다. '나의 입에서 나가는 말도 내가 뜻하는 바를 이루고 나서야 내가 하라고 보낸 일을 성취하고 나서야 나에게로 돌아올 것이다'(사 55:11).
- 선교사는 사탄의 세력을 물리친 그리스도의 보혈의 능력을 선포해야 한다. '우리의 동료들은 어린 양이 흘린 피와 자기들이 증언한 말씀을 힘입어서 그 악마를 이겨냈다'(계 12:11).
- 선교사는 귀신을 물리치고 하나님께 가까이 나아가야 한다. '그러므로 하나님께 복종하고 악마를 물리치십시오. 그러면 악마는 달아날 것입니다. 하나님께로 가까이 가십시오. 그러면 하나님께서 가까이 오실 것입니다'(약 4:7-8).
'정신을 차리고 깨어 있으십시오 여러분의 원수인 악마가 우는 사자같이 삼킬 자를 찾아 두루 다닙니다. 믿음에 굳게 서서 악마를 대적하십시오'(벧전 5:8,9).
- 선교사는 하나님의 전신 갑주를 입고 강한 자가 되어야 한다. '끝으로 말합니다. 여러분은 주님 안에서 그분의 힘찬 능력을 받아 굳세게 되십시오. 악마의 간계에 맞설 수 있도록 하나님께서 주시는 장비로 완전무장을 하십시오 우리의 싸움은 피와 살을 가진 사람들을 상대로 하는 것이 아니라, 통치자와 권세

자들과 이 어두운 세계와 지배자들과 하늘에 있는 악한 영들을 상대로 하는 것입니다'(엡 6:10-12).

한번 더 생각하고 행동하기

1. 타문화에서 수용되지 않는 당신의 본국 문화에서의 행동방식 몇 가지를 열거해 보라. 예를 들어 옷 입는 법, 먹는 법, 인간관계 맺는 법 등.
2. '복음'에 대해 정의하시오. 복음이 여러분의 일상생활에 어떠한 영향을 끼치는가?
3. 여러분은 복음을 죽은 자의 정령들을 두려워하는 사람들과 어떻게 관련시키려 하는가?
4. 여러분은 '모든 종교는 선하다. 사람들은 자신의 방식으로 하나님을 찾도록 내버려 두어야 한다.'는 말에 대해 어떻게 응답하겠는가?
5. 여러분은 현재 성장하고 있는 원주민 교회 안에서 자신의 역할이 무엇이라고 생각하는가?
6. 여러분이 여러분의 삶과 사역에서 기도를 최우선 과제로 삼기 위해 취해야 할 단계는 무엇인가?
7. 기도와 영적 전쟁에 관한 성구들을 여러분의 성경에 표시하고 자주 복습하라.
8. 기도의 응답을 받기 위해 그리고 악한 세력과의 영적 전쟁에서 승리하기 위해 주님께 매일 간구하라.

5
선교사의 영적 삶

선교사는 높은 이상과 주님께 대한 강한 헌신성을 가지고 있다. 그러나 만약 선교사 자신이 기독교적 삶을 풍요롭게 살지 못한다고 느낄 경우에는 이러한 기준들은 오히려 좌절감을 조장할 수 있다.

사례연구 : 지나치게 분주함

마리아는 처음 4년 간의 선교사역을 마친 후 필자를 찾아와서 다음과 같이 쓸쓸하게 말했다.

"저는 당연히 그렇게 되리라고 생각했던 복음을 증거하는 그리스도인으로서의 사역을 성공적으로 이루지 못했어요. 병원사역을 분주하게 하다보니 기도하고 성서를 읽는 데에는 시간을 전혀 내지 못했거든요. 전 항상 너무나 분주하고 피곤했어요."

"자, 마리아, 당신은 당신이 치룬 영적 전쟁에서 혼자가 아니었어요. 대부분의 선교사들이 당신이 겪은 것과 동일한 문제들에 직면하고 있어요. 특히 의료사역에 종사하는 선교사들의 경우는 더욱 그렇답니다."

필자는 마리아에게 이렇게 대답해 주었다.

"그러나 제가 어떻게 다시 선교현장으로 되돌아갈 수 있겠어요? 저는 주님을 실망시켜 드렸으며 선교사로서도 실패했으니 말이에요."

필자는 그녀에게 대답해 주었다.

"첫째, 하나님께서 분주한 병원사역의 필요성을 이해하신다고 확신하세요. 당신은 당신이 행한 사역 때문이 아니라, 하나님의 은혜로 말미암아 하나님께 인정받은 종이라는 사실을 알게 될 것입니다. 에베소서 1장을 펼쳐서 하나님께서 그리스도를 통해 우리를 위해 은혜 중에 모든 것을 예비하셨다는 말씀을 살펴봅시다."

위의 성서말씀을 함께 살펴본 후 마리아는 다음과 같이 말했다.

"그래요, 저를 위한 하나님의 사랑은 무조건적이며, 제 자신이 영적이라고 느끼든 혹은 느끼지 않든 간에 그러한 느낌으로 인해 아무런 영향을 받지 않는다는 것을 알았어요. 그렇지만 아직은 예전에 분주했던 동일한 사역현장으로 돌아가고 싶지 않아요."

필자는 그녀에게 제안했다.

"당신의 생활 스케줄을 살펴보고 당신이 자신의 생활을 잘 다스릴 수 있도록 변경하거나 다른 사람에게 위임할 수 있는 것이 무엇인가를 찾아봅시다. 우리 선교사들은 우리의 사역이 무엇이든지간에 최우선적인 과제들을 위해 씨름해야 합니다. 주님과 함께하는 시간이 우리의 최우선적인 과제가 되어야 합니다. 그러고 나면 우리는 합리적인 방법으로 우리의 일상생활을 영위할 수 있습니다."

마리아의 문제는 많은 선교사가 겪는 공통적인 것이었다. 선교사들은 너무 분주하게 생활하다 보니 성서를 읽고 기도하는 데 시간을 도저히 짜내지 못한다. 이것은 결과적으로 마음의 조급함을 불러일으켜 자신들의 복음증거 사역에 해를 끼칠 수 있다. 선교사들의 태도와 행위는 사람들에게 많은 설교보다 더 많은 영향을 끼친다. 선교사들은 너무 분주하게 살다보니 자신들의 영혼과 정신을 제대로 다스리지 못하며, 그로 인해 기독교적 삶을 풍요롭게 살지 못하게 된다.

많은 선교사가 좌절감을 느끼는 또 다른 영역은 그리스도를 증거하는 데 있다. 일반적으로 기독교적 삶의 열매는 구원받은 영혼들로 이루어진다고 가르치고 있다. 이로 말미암아 특히 회교 문화에서와 같이 가시적인 결과가 거의 없는 사역현장에서 증거한 선교사들은 좌절감을 겪을 수 있다. 성서를 보면 '성령의 열매'(갈 5:22)와 '정의의 열매'(약 3:18)는 기독교적 증거의 특성을 언급하는 것이다. 물론 선교사의 사명은 그리스도를 말로 증거하는 것이며 영혼을 구원하는 것은 하나님의 몫이다.

앞장에서 다룬 기도사역과 영적 전쟁은 선교사의 영적 삶과 관계가 있다. 선교사는 매일매일 성령께서 능력을 주시지 않으면 타문화의 압박감 속에서 효과적으로 살 수 없다. 사탄은 이러한 사실을 잘 알면서 선교사의 삶과 사역을 해치려 든다. 선교사는 자신의 영적 삶을 다스리고 훈련시키는 데 시간을 할애하도록 끊임없이 스케줄을 조정하고 또 조정해야 한다.

영적 삶을 잘 다스리는 것 이외에도 선교사는 동료 선교사들을 보살피는 데 정신을 차려야 한다. 그리스도의 몸 안에서 상호간에 돌보는 일은 선교사들의 책임 중 중요한 부분이다. 자신의 이익과 활동에만 매몰되어 동료들에게 관심을 기울이는 일이 방해받지 않도록 주의해야 한다. 이 문제에 관한 성서의 충고를 보자. '형제자매 여러분… 사랑으로 서로 섬기십시오'(갈 5:13). '그리고 서로 마음을 써서 사랑과 선한 일을 하도록 격려합시다… 서로 격려합시다'(히 10:24, 25).

그리스도 안에서의 성숙

그리스도인들은 성령으로 거듭나게 되면 모든 싸움이 끝났다고 생각하기 쉽다. 그러나 곧 성령으로 거듭난 순간에 영적 순례를 시작하는 출발선에 서 있다는 사실을 깨닫게 될 것이다. 그리스도를 삶의 주로 모시고 그에게 복종할 때, 더 이상 죄의 본성의 노예가 되지 않는다. 그리스도의 죽음과 함께 죽음으로써 그리스도와 하나가 되며, 그리스도와 더불어 새 삶으로 부활하게 된다. 이제는 더 이상 죄의 본성에 복종하지 않아도 되며 자유를 얻어 그리스도께 복종하게 된다(로마서 6장을 보라).

그러나 여전히 옛 죄의 본성이 소멸되지 않았다는 사실을 알게 될 것이다. 죄의 본성은 여전히 살아 활동한다. '나는 내 속에 곧 내 육신 속에 선한 것이 깃들여 있지 않다는 것을 압니다'(롬 7:18). 이것은 갈라디아서 5장 17절 말씀에 의해 확인된다. '육체의 욕망은 성령을 거스르고 성령이 바라시는 것은 육체를 거스릅니다. 이 둘이 서로 적대관계에 있으므로 여러분은 자기가 원하는 일을 할 수 없게 됩니다.'

로마서 8장에서 성령의 다스림을 받을 때 누릴 수 있는 영광스러운 삶을 찾아볼 수 있다. '그러나 하나님의 영이 여러분 안에 살아 계시면 여러분은 육신 안에 있지 않고 성령 안에 있습니다'(롬 8:9). 하나님 앞에서 그리스도인의 지위는 그리스도 안에서 새 피조물이다. 그러나 일상생활 모습은 자주 그리스도인으로서의 자신의 지위와 일치하지 않는다. 그리스도인은 이 세상에 사는 동안에는 끊임없이 영적 전쟁을 치러야 한다. 성서는 이렇게 훈계하고 있다. '여러분은 지난날의 생활방식에 얽매여서 허망한 욕정을 따라 살다가 썩어 없어질 옛 사람을 벗어버리고 마음의 영을 새롭게 하여 하나님을 따라 참된 의로움과 거룩함으로 지으심을 받은 새 사람을 입으십시오'(엡 4:22-24). 이 말씀은 단번에 해결하라는 것이 아니라, 끊임없는 실천을 통해 가능하다는 것을 보여준다. 그렇게 함으로써 그리스도의 이미지와 더욱 확실하게 일치하게 될 것이다.

성서를 지적으로만 이해할 경우에는 영적 성장을 보장하지 못한다. '지식은 사람을 교만하게 하고 사랑은 덕을 세웁니다'(고전 8:1). 그리스도인들은 자주 열렬히 다음과 같이 간청한다. '내 머리에 든 지식을 마음의 경험으로 이동시켜 주옵소서.' 그런데 성서의 진리를 마음속에 담고 일상생활에서 그에 따라 살겠다고 기도할 때, 그러한 이동이 가능한 것이다. 그리스도 안에서 성숙하는 것은 위로 향하는 견고한 직선이 아니라 대개 불안정하게 흔들리는 것이다. 돌이켜 보면 성숙이 무르익은 때는 편안한 때가 아니라 어려운 시험을 당할 때임을 알게 될 것이다.

영적으로 성숙해졌을 때 마침내 죄없는 자가 될 것이라는 생각은 잘못이다. 하늘에서 주님과 함께 동행하기까지는 축복받은 지위에 다다르지 못한다. 이러한 사실을 인정해야만 즉시 거룩해졌다거나 혹은 죄없는 완전한 존재가 되었다는 가르침에 현혹되지 않는다. 신약성서에서 '완전'이란 어휘는 죄없음을 의미하는 것이 아니라, '성숙하고 온전하게 되는 것'을 의미하는 것으로 사용된다. '내가 이것을 이미 얻은 것도 아니요 또 이미 목표점에 이른 것도 아닙니다. 그리스도 예수께서 나를 사로잡으셨으므로 나는 그것을 붙들려고 좇아가고 있습니다… 그러므로 누구든지 성숙한 사람은 이와 같이 생각하십시오'(빌 3:12,15).

유혹과 죄

흔히 선교사는 유혹과 싸울 때가 있는데, 유혹과 죄는 다르다는 것을 깨달아야 한다. 필자는 만약 잘못된 생각이 내 정신 속으로 들어오면 그것은 죄를 범하는 것과 마찬가지로 나쁜 것이라고 믿곤 했다. 그러나 성경말씀을 통해 정신을 새롭게 하자, 유혹과 죄는 다르다는 것을 깨달았다. 이 세상에 사는 동안 악한 생각으로 인해 괴로움을 당하기는 할지언정 그것을 즐겨서는 안 된다. 만약 악한 생각을 즐길 경우, 그로 인해 사탄에게 우리를 지배하는 발판을 마련해 주게 된다. 유혹은 악으로 유인하는 것이며, 죄는 악에 항복하여 죄악을 범하는 것이라고 정의할 수 있다. 심지어 예수께서도 이 땅에 사는 동안 사탄의 유혹을 받았으나, 결코 항복하시지 않았다. '우리의 대제사장은 우리의 연약함을 동정하지 못하시는 분이 아닙니다. 그는 모든 점에서 우리와 마찬가지로 시험을 받으셨지만 죄는 범하지 않으셨습니다'(히 4:15).

선교사는 여느 그리스도인과 마찬가지로 유혹에 노출되어 있다. 아니 아마도 그가 살고 있는 장소나 환경으로 인해 더욱 노출될 수도 있다. 선교사는 사탄에게 붙잡힌 자들을 해방시키기 위해 맨앞에서 싸워야 하며 그로 인해 사탄의 특별한 표적이 된다. 또한 선교사는 죄악이 매우 강압적으로 활동하는 이교도의 환경에서 살고 있다. 그러므로 선교사는 끊임없이 하나님께 복종하는 삶을 살면서 사탄의 유혹을 물리쳐야 한다. '그러므로 하나님께 복종하고 악마를 물리치십시오… 하나님께로 가까이 가십시오. 그러면 하나님께서 가까이 오실 것입니다'(약 4:7,8).

선교사는 다음과 같은 경고의 말씀을 염두에 두어야 한다. '그러므로 서 있다고 생각하는 사람은 넘어지지 않도록 조심하십시오'(고전 10:12). 예수께서는 겟세마네 동산에서 제자들에게 이렇게 훈계하셨다. '시험에 빠지지 않도록 깨어서 기도해라. 마음은 원하지만 육신이 약하구나!'(마 26:41). 어떠한 영적 지위라도 유혹으로부터 자유로울 수는 없다.

사탄은 선교사로 하여금 죄악을 생각하고 행하도록 유혹하려 든다. 사탄은 선교사가 그의 삶과 사역에서 패배하고 좌절감에 빠지기를 원한다. 창세기 3장에 보면 사탄이 다음과 같은 말로 하나님의 말씀을 의심하도록 하와를 유혹하고 있다. '하나님이 정말로… 말씀하셨느냐?' 더 나아가 불순종에 대해 내려지는 하나님의 심판도 의심하도록 만든다. '너희는 절대로 죽지 않는다.' 그러고 나서 아담과 하와에게 특별한 나무의 열매를 먹지 말도록 금하셨다는 이유로 하나님의 선하심에 대해서도 의심하게 만든다. 사탄은 아담과 하와가 하나님께서 그들에게 베푸신 모든 선한 것에 대해서는 눈을 감아 버리고, 금하신 것에 대해서는 욕심을 부리도록 유혹하려 했다. 사탄은 거짓말을 함으로써 하나님께서 허락하신 것은 재미없고 볼품없는 것이며, 금하신 것은 짜릿하고 탐스러운 것임을 시사하려 했다. 이러한 모든 모양의 유혹들은 지금도 끊임없이 그리스도인들을 괴롭히고 있다.

'세상에 있는 모든 것 곧 육신의 욕망과 눈의 욕망과 살림살이의 자랑거리는 아버지께로부터 나온 것이 아니라 세상으로부터 나온 것이기 때문입니다'(요일 2:16).

죄사함의 수단

죄를 치료하는 방법은 유혹을 다루는 방법과는 조금 다르다. 유혹을 물리치기 위해서 행동을 취해야 하지만, 죄의 본성을 효과적으로 치료할 수는 없다. 죄의 뿌리는 죄의 본성이기 때문이다. 죄를 치료한다는 것은 죄없는 존재가 된다는 것이 아니라, 하나님의 은혜에 참여한다는 의미이다.

죄를 치료하는 첫 단계는 하나님 앞에 죄를 고백하고 인정하는 것이다. 자신의 죄를 드러내고 인정할 때, 하나님께서 그리스도의 보혈로 그 죄를 씻어 주신다. 그러나 단지 죄를 드러내고 죄를 유감스럽게 생각하는 것만으로는 충분치 않다. 성령께서 범죄한 자로 하여금 뉘우치게 하고 진정한 회개를 하도록 감동시키실 것이다. 그러면 죄에 대한 슬픔을 벗어버리고 생각과 삶의 방향이 변화될 것이다. 세례 요한은 '회개에 알맞는 열매를 맺으라'(마 3:8)고 선포했으며, 사도 바울은 '…회개하고 하나님께로 돌아와서 회개에 합당한 일을 하라'(행전 26:20)고 설파했다.

그리고 나서 하나님의 죄사함을 무조건 받아들이고 믿어야 한다. 자존심에 얽매여 죄를 부끄럽게 생각하면서 기도하고 성경을 더 많이 읽고 교회생활에 더 적극적으로 참여하는 등, 죄를 벗어나기 위해 무언가를 해야 한다고 생각할 수 있다. 그러나 이렇게 생각하는 것은 그리스도의 죽음을 특별하지 않은 것으로 여기면서 자기 스스로 무엇을 더해야 한다는 것을 시사하는데, 이것은 참람한 일이다. 이에 대해 성서는 더 이상 명백할 수 없을 만큼 확실하게 확신시켜 준다. '우리가 우리의 죄를 자백하면 하나님은 미더우시고 의로우셔서 우리의 죄를 용서해 주시고 모든 불의에서 우리를 깨끗하게 해주실 것입니다'(요일 1:9).

물론 사탄은 인간을 죄의 속박에서 벗어나지 못하도록 애를 쓸 것이며, 이때 사용하는 한 가지 방법은 인간을 죄의 폭정 아래 굴복시켜 두는 것이다. 그러면 그는 자기를 괴롭히는 특별한 죄와 싸울 때 절망감을 느끼게 된다. 인간은 사탄에게 굴복당할 때 자신이 무가치한 존재임을 느끼게 된다. 그러나 성령께서 그로 하여금 범죄함을 뉘우치게 하시면 고백과 회개를 통해 특별한 죄를 씻음받게 된다.

사탄이 이미 고백하고 회개한 죄를 가지고 괴롭히면 당당하게 맞서야 한다. '우리의 동료들은 어린 양이 흘린 피와 자기들이 증언한 말씀을 힘입어서 그 악마를 이겨냈다'(계 12:11). 그리스도의 보혈이 자신의 죄와 범죄함을 씻어 주셨다고 큰소리로 외치며 증언을 선포하는 것은 때때로 유익하다. 선교사는 자신의 능력이 아니라 자기 안에서 역사하고 계시는 성령의 능력을 힘입어 사탄과 싸우는 것이다.

필자는 필자 자신의 삶 속에서 그리고 다른 사람들을 상담하는 가운데 오직 믿음으로 인해 의롭게 된다는 말씀이 가장 받아들이기 어려운 개념 중의 하나라는 것을 깨달았다. 그리스도인은 자신의 선행으로 구원을 얻기 위해 무언가를 더해야 한다고 생각한다. 그러나 로마서 4장 25절 말씀은 이에 대한 대답을 준다. '예수는 우리의 죄 때문에 죽임을 당하시고 또한 우리를 의롭게 하시려고 살아나셨습니다.' 그러므로 그리스도인은 그리스도의 완결된 온전한 사역을 통해 의롭게 되는 것이다. 그리스도인은 현재 의롭게 되었으며, 장차 이 세상에서의 삶이 끝나고 그리스도 앞에 설 때에도 역시 의롭게 될 것이다. 예수의 보혈과 의로우심은 현재에도 그리스도인의 유일한 보호막이며, 그때에도 유일한 보호막이 될 것이다.

이것이 바로 그리스도인을 자신의 행위에 의해 하나님 앞에서 더 인정받으려는 헛된 노력으로부터 해방시키는 진정한 해방의 진리이다. 오히려 그리스도인은 그리스도 안에서 자기를 위해 예비하신 하나님의 은총에 감사하는 충만한 마음과 그를 기쁘시게 하고 영화롭게 하려는 소망에 의해 선행을 행하려고 자극받을 것이다. '그러므로 우리는 믿음으로 의롭게 하여 주심을 받았으니 우리 주 예수 그리스도로 말미암아 하나님과 더불어 평화를 누립니다. 우리는 또한 그리스도로 말미암아 지금 서 있는 이 은혜의 자리에 믿음으로 나아왔고, 하나님의 영광의 자리에 참여할 소망을 품고 자랑을 합니다'(롬 5:1-2).

영적 갱신

많은 선교사가 전세계의 교회뿐만 아니라 자신들의 삶과 사역이 부흥되기를 바라고 기도한다. 로이 헤시온(Roy Hession)은 동아프리카 부흥운동에 깊은 은혜를 받았다. 그는 자신의 저서 『나의 갈보리 길』(*My Calvary Road*)에서 갱신의 원리를 명백하게 논하고 있다. 필자는 그의 저서를 보고 깊은 감명과 도전을 받았다. 그가 제시한 갱신의 원리는 다음과 같이 다섯 가지이다; 기도(prayer), 깨짐(brokenness), 충만함(fullness), 솔직함(openness), 하나됨(oneness).

부흥은 일반적으로 자기 자신과 교회 안에서 영적 삶의 수준에 대해 심히 불만스러울 때 시작된다. '의에 주리고 목마른 사람은 복이 있다. 그들은 배부를 것이다'(마 5:6). 이로 인해 우리는 하나님의 영이 나로부터 시작하여 자기 백성들 가운데서 새로운 일을 행하시도록 끊임없이 기도(prayer)해야 한다. '우리를 구원해 주신 하나님, 우리를 회복시켜 주시고… 주의 백성을 주님 때문에 기뻐하게 하지 않으시렵니까?'(시 85:4,6).

선교사가 자신의 영적 가난함과 절망감을 고백할 때 깨짐(brokenness)이 일어난다. 선교사는 자존심을 버리고 자신의 모든 권리를 하나님 앞에 맡겨야 한다. 자신의 죄의 본성을 고백할 때 겸손하게 된다. '그러므로 여러분은 하나님의 손아래에서 스스로 겸손하십시오. 때가 되면 그분께서 여러분을 높이실 것입니다'(벧전 5:6).

깨짐은 성령의 넘치는 축복으로 인해 마음의 충만함(fullness)을 가져온다. '그러나 성령의 열매는 사랑과 기쁨과 평화와 인내와 친절과 선함과 신실과 온유와 절제이다… 우리가 성령으로 삶을 얻었으니 우리는 성령이 인도해 주심을 따라 살아갑시다'(갈 5:22,23,25).

솔직함(openness)은 위선과 반대된다. 솔직함을 가지는 자는 하나님과 동료 그리스도인들과 더불어 성실하고 거짓없는 친교를 나누는 삶을 살게 된다. '그러나 하나님께서 빛 가운데 계신 것과 같이 우리가 빛 가운데서 살면 우리는 서로 사귐을 가지게 되고 하나님의 아들 예수의 피가 우리를 모든 죄에서 깨끗하게 해주십니다'(요일 1:7).

동료 그리스도인들과 하나됨(oneness)은 부흥을 위해 필요한 요소이다. 선교사는 성령 안에서 행하기 위해 자신과 관계를 맺은 모든 사람의 죄를 기꺼이 물리쳐야 한다. '여러분은 성령이 여러분을 평화의 띠로 묶어서 하나가 되게 해주신 것을 힘써 지키십시오 여러분이 부르심을 받았을 때에 한 희망으로 부르심을 받은 것과 같이 몸도 하나요, 성령도 하나요, 주님도 하나요, 믿음도 하나요, 세례도 하나요, 하나님도 한 분이십니다. 그분은 만유의 아버지이시며 만유 위에 계시고 만유를 통해 일하시고 만유 안에 계십니다'(엡 4:3-6).

부흥을 위한 기도의 목적은 영적 축복보다 더 많은 것을 포함하고 있다. 기도의 궁극적인 목적은 이 세상에 오셔서 널리 선포되고 경배받아야 할 주 예수를 위한 것이어야 한다. '하나님, 우리에게 은혜를 베풀어 주시고 우리에게 복을 내려 주십시오 주님의 얼굴을 환하게 우리에게 비추어 주시어서 온 세상이 주의 뜻을 알고 모든 민족이 주의 구원을 알게 하여 주옵소서'(시 67:1,2).

시련과 고난

선교사는 이 악한 세상에서 모든 인간이 겪는 고난과 상해에 역시 그대로 노출되어 있다. 시련과 고난을 당할 때, 선교사는 자신의 환경에서의 하나님의 다스리심을 이해해야 한다. 이것은 하나님의 목적이 슬픔과 상실의 그림자 뒤에 숨겨져야 한다고 여겨질 때 특히 중요한 것이다.

한 젊은 선교사 부부가 외딴 지역에서 사역을 행하고 있었는데, 아이가 심하게 앓게 되었다. 필자가 그 아이를 진찰하기 위해 그들이 살고 있는 동네로 찾아갔다. 아이의 배를 만지자마자 상태가 매우 심각하다고 생각되어 두려웠다. 분명히 암으로 여겨지는 크고 단단한 혹 같은 물체가 손에 느껴졌다. 그래서 부모에게 아이의 상태를 말하고 본국으로 귀국하여 아이를 치료해야 한다고 말해주었다. 그들은 아이의 횟배를 치료해 왔지만, 이러한 엄청난 일이 자신들의 아이에게 발생할 줄은 꿈에도 생각하지 못했다. 그러자 그들은 반사적으로 이렇게 물었다. '우리는 이곳 오지에서 원주민들의 언어를 배워가며 사역에 헌신하고 있는데, 왜 하나님께서는 이런 일이 일어나게 하셨나요? 왜? 우리는 하나님께서 이곳에서 사역하도록 우리를 부르신 부르심에 순종했는데, 어찌하여 우리 아이가 암에 걸렸나요?' 필자는 그들의 질문에 아무런 답을 해줄 수 없었다. 필자는 현재 그들이 겪고 있는 시련에 대해 그들과 함께 눈물을 흘리면서, 그럼에도 불구하고 하나님께서 그들을 위해 사랑의 관심을 가지고 있음을 확신시키려고 애썼다. 필자는 하나님께서 앞으로 닥칠 시련을 통해 그들과 아이를 위해 주권적인 목적을 가지고 있음을 믿도록 그들을 격려했다.

필자는 그들의 당황스러워 하는 모습에서 동질감을 가질 수 있었다. 필자도 선교사 초기 시절 그들과 유사한 경험을 겪었기 때문이다. 필자는 언어훈련을 마치고 막 의료사역에 투입된 후, 심한 병에 걸려 자리에 눕고 말았다. 필자 역시 '왜?'라고 부르짖으며 몸부림쳤다. 모든 시간을 바쳐 언어를 배우고 문화를 배웠는데, 왜 하나님께서는 이런 일이 나에게 일어나게 하셨는가? 나는 선교현장을 떠나야 하는가? 성경말씀을 연구하고 주님께 의지했을 때 필자는 잘못된 질문을 했다는 것을 깨달았다. '왜?'가 아니라 '무엇을?'이라고 질문했어야 했다. 하나님께서는 이러한 시련을 통해 나에게 무엇을 가르치려 하셨는가? 이러한 질문을 함으로써 필자는 의심과 혼란으로부터 벗어날 수 있었다. 필자는 비록 하나님의 방법을 이해할 수는 없었지만, 투병생활을 통해 어떤 교훈을 얻을 수 있었다.

그리스도인들은 자신의 잘못이 아닌데도 시련과 고난을 겪을 때 자주 혼란에 빠지게 된다. 그들은 하나님께서 그들을 기뻐하지 않으시며 그들을 벌하고 계신다고 의심한다. 이러한 의심은 성서의 가르침에 대한 이해의 부족으로 인해 야기된다. 하나님께서는 언제나 사랑하는 아버지로서 그리스도인들을 시련 가운데서 다루신다. '주께서 여러분을 훈련하시거든 그것을 견디어 내십시오. 하나님께서는 자녀에게 대하듯이 여러분에게 대하십니다… 영들의 아버지께서는 우리를 당신의 거룩하심에 참여하게 하시려고 우리에게 유익이 되도록 훈련하십니다. 모든 훈련은 당시에는 즐거움이 아니라 괴로움으로 생각되지만, 나중에는 이것으로 연단받은 사람들에게 의로움이 깃든 평화로운 열매를 맺게 합니다'(히 12:7,10,11).

고난을 겪는 그리스도인들을 위한 하나님의 또 다른 목적을 찾아보자. '온갖 위로를 주시는 하나님께 찬양을 드립시다. 그는 우리 주 예수 그리스도의 하나님이시요, 아버지이시며, 자비로우신 아버지이십니다. 우리가 온갖 환난을 당할 때에 하나님께서는 우리를 위로해 주십니다. 하나님께서는 우리를 위로하셔서 온갖 환난 가운데 있는 사람들을 위로할 수 있게 하십니다'(고후 1:3, 4). 선교사가 시련을 통해 하나님을 더 잘 알게 될 때, 자신의 삶과 사역은 더욱 풍부하게 된다. 그러면 그는 시련 중에 경험한 하나님의 사랑과 은혜를 지금 고난당하고 있는 다른 사람들과 함께 나눌 수 있게 된다.

물론 선교사들은 단순히 그리스도의 제자라는 이유만으로 이 세상에서 박해와 고난을 당할 수도 있을 것이다. 주님은 이렇게 경고하셨다. '세상이 너희를 미워하거든 세상이 너희보다 먼저 나를 미워하였다는 것을 알아라… 사람들이 나를 박해하였으면 너희도 박해할 것이요.'(요. 15:18, 20).

사도 베드로는 이렇게 확신의 말씀을 준다. '사랑하는 여러분, 여러분을 시험하려고 시련의 불길이 여러분 가운데 일어나더라도 무슨 이상한 일이나 생긴 것처럼 놀라지 마십시오 오히려 여러분이 그리스도의 고난에 참여하는 것이니 기뻐하십시오. 그러면 그의 영광이 나타날 때에 여러분이 기뻐 뛰면서 즐거워하게 될 것입니다'(벧전 4:12, 13).

한번 더 생각하고 행동하기

1. 규칙적인 성서연구와 기도를 하는 데 시간을 할애하기 위해 여러분의 스케줄을 어떻게 변경할 수 있는가?
2. 여러분은 그리스도를 위해 증거하는 기회를 잡기 위해 깨어 있는가? 베드로전서 3장 15절을 보라.
3. 여러분이 그리스도인으로 성숙하는 데 있어 중요한 요소들은 무엇인가?
4. 창세기 3장 1절-7절을 연구해 보라. 사탄은 무슨 수단을 이용하여 여러분으로 하여금 하나님의 말씀과 심판과 선하심을 의심하도록 유혹하는가?
5. 요한일서 2장 16절을 읽어보라. 여러분이 경계해야 할 이 세상의 특별한 미혹거리는 무엇인가?
6. 여러분이 유혹에 빠져 죄를 범했을 때 주님과의 관계를 어떻게 회복할 수 있는가?
7. 여러분은 자신들의 잘못이 아닌데도 겪게 되는 시련을 어떻게 극복하는가? 여러분은 더욱 경건한 방식으로 시련을 어떻게 극복할 수 있는가?

6
선교사의 사생활

많은 선교사가 사랑과 인정받음을 조건으로 삼는 가정과 공동체에서 양육받았다. 즉 선교사들은 규정된 방식으로 사역을 행해야만 사랑받고 인정받을 것이라고 느꼈다. 따라서 선교사들은 다른 사람들이 부과하는 요구와 승인을 어떻게 잘 충족시키는가에 근거해서 자기 이미지를 형성해 왔다. 이것은 성인으로서의 자기 이미지에 영향을 끼치는데, 선교사들이 여전히 다른 사람들의 기대에 잘 부응하도록 노력하고 있기 때문이다.

선교사는 타문화에서 살 때, 그리스도 안에서의 자신의 정체성과 운명에 대해서 안정감을 느껴야 한다. 필자는 앞장에서 선교사의 자존심이 끊임없이 공격당하고 있는 것에 대해서 살펴 보았다. 즉 현지 언어와 문화를 제대로 배우지 못함으로써 조롱 당하고, 현지인으로부터 오해를 받음으로써 마음의 상처를 입게 된다는 것이다. 선교사는 이러한 압박감을 극복하고 살아남기 위 해서 그리스도 안에서의 자신의 지위에 대해 안정감을 느껴야 한다.

그리스도 안에서의 정체성

모든 인간은 하나님의 형상대로 지음받은 각각의 개성을 가진 존재이다. 그리스도는 모든 인간을 위해 자신의 생명을 내주셨으며, 우리는 그에게 무한정으로 귀중한 존재이다. 또한 우리는 그와 함께 그의 영원한 영광 중에 나타날 것이다! 그리스도 안에서의 인간의 지위의 경이로움을 이해하기 위해 에베소서 1장 3-14절에 기록된 축복의 일부를 살펴보자.

'우리 주 예수 그리스도의 하나님 아버지께 찬양을 드립니다. 하나님께서는 그리스도 안에서 하늘에 속한 온갖 신령한 복을 우리에게 주셨습니다. 하나님께서는 우리를 사랑하셔서… 창세 전에 우리를 그리스도 안에서 택하여 주셨습니다. 그리고… 예수 그리스도로 말미암아 우리를 하나님의 자녀로 예정하셨습니다… 우리는 하나님이 사랑하시는 아들 안에서… 피로 구속 곧 죄의 용서를 받게 되었습니다. 하나님께서는 우리에게 모든 지혜와 총명을 넘치게 주셨습니다… 여러분도 그리스도 안에서… 약속하신 성령의 인치심을 받았습니다. 이 성령은 우리의 상속의 담보입니다.'

여기서 그리스도인의 정체성은 그리스도 안에서 보장된다는 것을 알게 되며, 따라서 자존심을 위해 다른 사람들의 승인에 의존할 필요가 없다.

선교사는 자신을 자신의 직업이나 혹은 선교사역에서의 역할과 동일시하기 쉽다. 어떤 이유로 인해 자신의 지위에 변화가 오게 되면 정체성 상실감으로 고통을 겪을 수 있다. 필자는 결혼해서 선교현장을 떠났을 때 이러한 경험을 했다. 필자는 그때 들었던 말에 의해 아직도 상처받는 느낌을 갖는다. '그래, 당신은 이제 더 이상 선교사가 아니오.' 이 말은 '당신은 아무 것도 아니야!'라는 말로 들렸다. 필자는 현재 지위의 영향을 받지 않는, 그리스도 안에서의 진정하고 영원한 정체성을 다시 찾기 위해 노력해야 했다.

선교사의 운명(destiny) 역시 그리스도 안에서 보장된다. 모든 선교사들은 하나님의 가족이 되어 성령의 인치심을 받았다. '자녀이면 상속자이기도 합니다… 우리는 하나님의 상속자요 그리스도와 더불어 공동 상속자입니다'(롬 8:17). 이러한 영광스러운 확신에 힘입어 선교사는 자신이나 혹은 자신의 복음증거에 의해 새 신자들에게 어떠한 위협이 가해지더라도 마음의 상처를 입을 필요가 없다.

반면에 여전히 각 선교사 마음에는 교만하고 독립적이며 완고하고 자부심이 강한 옛 본성인 '자아'가 존재한다. 어떤 이는 죄(sin)를 '방종한 본성'이라고 정의한다. 이 같은 자아는 부인되어야 하고(막 8:34-38), 그리스도와 더불어 십자가에 못박혀야 하며(갈 2:20), 이 세상에 대해 십자가에 못박혀야 한다(갈 6:14). 선교사는 성령의 능력주심에 의해 자아 중심적 존재로부터 그리스도 중심의 존재로 변화되어야 한다.

만약 그리스도의 진정한 제자가 되고자 한다면, 이러한 자아 중심적 삶의 태도는 선택할 수 있는 것이 아니다. '누구든지 나를 따라오려거든 자기를 부인하고 자기 십자가를 지고 나를 따라오너라. 누구든지 제 목숨을 구하고자 하는 사람은 잃을 것이요, 누구든지 나와 복음을 위하여 제 목숨을 잃는 사람은 구할 것이다'(막 8:34, 35). 만약 선교사역에서 열매 맺기를 원한다면, 선교사는 하나님께 희생하는 삶을 살아야 한다. 여기에는 다른 사람들을 위한 봉사를 성취하기 위하여 자신의 욕망, 생활 양식, 시간, 에너지 그리고 여가시간 등을 희생하는 것도 포함된다.

건강한 정신과 감정

데살로니가전서 5장 23절을 보면 인간은 영(spirit), 혼(soul), 육(body) 등 세 요소로 구성되어 있음을 알 수 있다. 그러므로 단지 영만이 아니라 혼과 육도 함께 양육되어야 한다. 혼은 느끼고, 생각하고, 선택하는 일을 맡는 기관으로 정의된다. 선교사는 사역하는 동안 사생활에서 이러한 내적 요소들이 억압감과 좌절감에 시달리게 된다. 해로운 감정과 생각을 어떻게 가능하게 다스려야 하는가? 많은 선교사들은 자신들의 감정을 억누르거나 부인하는 것이 영적 해결 방법이라고 생각하면서 그렇게 하는 경향이 있다. 그런데 불행하게도 감정에는 긍정적인 감정과 부정적인 감정이 모두 있다. 감정을 억누르거나 부인하는 과정 중에 기쁨과 평화는 상실된다. 선교사는 자신의 감정을 인정하고 평가하는 것을 배워야 한다. 그러면 감정을 건설적으로 다룰 수 있게 된다. 사랑과 감사하는 마음 같은 감정들은 다른 사람들에게 표현되어야 한다. 심한 분노와 마음의 상처 같은 감정은 오직 주님과 함께 해결하는 것이 최선이다. 선교사는 누가 혹은 무엇이 부정적인 감정을 일으키는가를 찾아내야 하며, 보다 더 경건한 방법으로 그러한 감정을 다루는 법을 배워야 한다. 선교사는 감정을 불러일으키는 문제를 처리할 필요가 있지만, 그것도 마음의 평정을 얻은 후에만 그렇게 해야 한다. 성서는 긍정적이 되라고 훈계한다. '항상 기뻐하십시오 끊임없이 기도하십시오 모든 일에 감사하십시오. 이것이 그리스도 예수 안에서 여러분에게 바라시는 하나님의 뜻입니다'(살전 5:16-18).

외로움(loneliness)은 기혼 선교사나 독신 선교사 모두가 공통적으로 겪는 경험이다. 선교사는 비슷한 정신을 가진 다른 선교사들과의 의미있는 관계가 결핍될 수도 있다. 성령께서 함께하심이 모든 그리스도인의 특권이다. 요한복음 14장 16, 17, 26절에 기록된 대로 선교사는 성령께서 항상 자신 가운데 내주하신다는 인식을 발전시켜야 한다. 선교사는 잘한 일은 생각하고 부족한 일에 대한 생각은 피해야 한다. 선교사들은 서로를 보살피고 나눔으로써 위대한 사역을 행할 수 있다. 선교사는 다른 사람의 필요를 보살피는 중에 자신의 공허감에서 벗어나게 된다.

선교사와 자녀들은 실제적인 위험에 노출되어 있다. 강도, 폭행, 납치, 광신적인 이교도들의 공격, 중상모략 등이 발생하는 환경에서 **두려움**(fear)과 **불안**(anxiety)을 경험하는 것은 당연한 일이다. 그러나 그러한 두려움이 지나치거나 다스릴 수 없게 되도록 내버려 두게 되면, 마음의 평화를 잃게 될 것이다. 그렇게 되면 전혀 불필요하게 두려움은 연장되고 마음 가운데 고정적으로 자리잡게 된다. 더 악화되기 전에 특별한 관심을 가지고 의사나 심리치료사와 상담해야 한다.

이러한 감정들을 경험하게 되면 선교사는 그것들에 관한 성서의 약속들을 깊이 생각하고 자신의 사고방식을 바꿀 필요가 있다. 그중 한 말씀을 살펴보자. '아무것도 염려하지 말고 모든 일을 오직 기도와 간구로 하고 여러분이 바라는 것을 감사하는 마음으로 하나님께 아뢰십시오. 그리하면 사람의 헤아림을 뛰어넘는 하나님의 평화가 여러분의 마음과 생각을 그리스도 예수 안에서 지켜줄 것입니다'(빌 4:6,7).

필자도 선교현장에서 두려움과 씨름한 경험이 생생하다. 언어훈련을 하던 당시, 필자는 수도에 위치한 큰 복합 건물에서 살았는데, 그 건물 안에는 세 세대의 가정, 사무실, 학교가 들어 있었다. 개발도상 국가에서는 모든 대도시마다 가난한 사람들, 거지, 도둑들이 수없이 들끓고 있었다.

어느 날 밤, 필자는 총소리에 잠이 깨고 말았다. 침대에 앉은 채로 무슨 일인가 하고 밖을 내다보았다. 어느 집안에서 난장판으로 싸우는 모습이 보였으며, 여러 발의 총소리가 더 들렸다. 내가 살고 있던 집에 도둑이 들었고, 잠이 깬 그 집 남편이 그 도둑과 격투를 벌이게 되자, 밖에서 기다리고 있던 다른 한 명의 도둑이 총을 쏘아댔던 것이다. 한 선교사가 추격하자 그들은 곧 도망가 버렸다. 피해가 어느 정도인가 둘러보다가 내 침대 옆 창문 바로 아래에 총구멍이 난 것을 발견하였다. 만약 무슨 일인가 하고 서둘러 침대에서 일어났다면 아무런 힘도 못쓰고 총에 맞았을 것이다.

바로 두 달 후, 세 명의 독신 여자 선교사들이 새로 이사왔는데, 또다시 도둑이 들었다. 시끄러운 소리에 잠을 깨 빗자루를 들고 도둑들을 쫓아내려 했다. 도둑 중 한 명이 칼을 가지고 선교사의 팔을 베어버렸다. 필자는 그녀의 상처를 꿰매주고 다시 잠자리에 들었다. 이 일이 있은 후 경비원을 고용하여 밤에 도둑이 들지 못하도록 경비를 서게 했다.

필자는 도둑이 든 상황에서도 담대하게 위기에 대처했지만, 후에 **사후정신충격반응** (post-traumatic reaction)에 시달렸다. 매일 밤 어둠이 깊어지면 필자는 신경이 날카로워져 불안하게 되었고, 등줄기에 찬바람이 몰아치는 느낌을 갖게 되었다. 한밤중에는 미세한 소리에도 긴장하여 누가 집안으로 침입하려는 소리인가 하고 귀기울여 들으려고 했다. 아드레날린이 내 몸속을 세차게 치고 지나가면 한숨도 못잔 채 뜬눈으로 밤을 새워야 했다. 잠을 못 이루는 밤에는 기도를 했는데, 그러고 나면 다음 날 너무 피곤하여 언어훈련에 지장을 받았다. 또한 주께서 도둑들로부터 필자를 보호하고 계시는지도 의심하게 되었다. 필자는 필자와 동일한 경험을 한 사람들에게 진정제를 처방해 주기도 했다. 그러나 필자 자신을 위해 진정제를 처방한다는 것은 어려운 일이었다.

이러한 경험으로 인해 필자는 아직도 기억이 생생한 어린 시절의 두려웠던 경험을 떠올리게 되었다. 우리의 원수인 사탄은 필자가 좌절하여 고국으로 돌아가도록 하기 위해 두려움으로 필자를 꼼짝하지 못하게 하려 했다. 마침내 주님을 의심하고 주님과 논쟁하는 대신, 주님을 믿는다고 고백했으며 주께서 필자의 성장을 위해 이러한 경험을 하도록 허락하셨음을 알게 되었다.

필자는 만약 현지 사람들에게 복음을 증거할 수만 있다면 도둑의 위험도 기꺼이 감수하겠다고 맹세했다. 그리고 나서 필자는 욥과 동일한 처지에 이르게 되었다. '하나님이 나를 죽이려고 하셔도 나로서는 잃을 것이 없다. 그러나 내 사정만은 그분께 아뢰겠다' (욥 13:15).

그러나 필자가 주말 심방을 위해 지방 선교본부에 갔을 때까지도 여전히 두려움이 필자를 괴롭혔지만, 그곳에서 그러한 경험을 머리 속에서 지워 버릴 수 있었고, 거처로 돌아온 후 밤마다 정기적으로 겪던 두려움이 사라졌으며, 다시금 언어훈련을 계속할 수가 있었다.

도둑이 침입한 경험을 처음 겪은 후, 매우 불행하게 된 한 선교사 부부가 있었다. 그들은 사건 후 멀리 떨어진 마을로 파송되어 그곳에서 외롭게 살고 있었다. 아내는 전혀 회복할 기미가 없었으며, 그녀를 둘러싼 모든 상황에 대해 두려워했다. 남편은 아내가 회복이 불가능하다는 사실을 알고는 수도로 다시 데려왔다. 수도에 도착할 즈음, 아내는 완전히 좌절감과 실의에 빠져버렸으며, 밤에는 겉잡을 수 없이 비명을 질러대곤 했다. 그리하여 그녀를 치료하기 위해 가족 전체를 본국으로 송환할 수밖에 없었다. 이들 부부의 경우는 선교사가 인내할 수 없는 스트레스를 겪게 될 때, 그를 보호하기 위한 신중한 목회적 돌봄이 필요함을 단적으로 보여주는 예이다.

화(anger)는 일반적으로 통제할 수 없는 상황과 사람들의 행동으로 말미암아 야기된다. 성서는 불의와 죄악에 대해서는 의로운 화를 내도 된다고 인정하면서도, 이 경우에도 주의를 기울여야 한다고 경고하고 있다. '화를 내더라도 죄는 짓지 마십시오 해가 지도록 노여움을 품고 있지 마십시오'(엡 4:26,27). 화를 내는 이유는 자주 자존심과 자기 의지가 해를 입기 때문이다. 만약 화가 제대로 다스려지지 않을 경우, 화를 낸 당사자는 걷잡을 수 없는 적개심과 괴로움에 빠지게 된다. 히브리서 저자는 이렇게 경고하고 있다. '여러분은 하나님의 은혜에서 떨어져 나가는 사람이 아무도 없도록 주의하십시오. 또 쓴 뿌리가 돋아나서 괴롭게 하고 그것으로 많은 사람이 더러워지는 일이 없도록 주의하십시오'(히 12:15).

마음의 상심은 **용서하지 못하는 정신**(unforgiving spirit)을 동반한다. 사람은 누구나 자신의 상처는 잘 감싸고 자신의 괴로움은 정당화하나, 자신에게 해를 끼쳤다고 생각한 사람에게는 가차 없는 비판을 가하게 마련이다. 자신에게 잘못을 저지른 사람을 용서하기란 쉬운 일이 아니다. 그러나 선교사의 이러한 태도는 결국 자신조차도 즐거운 삶을 살지 못하게 하며, 더 나아가서 사역을 효과적으로 행하지 못하게 한다. 이에 관한 성서의 권면의 말씀을 살펴보자. '누가 누구에게 불평할 일이 있더라도 서로 용납하여 주고 서로 용서하여 주십시오 주께서 여러분을 용서하신 것과 같이 여러분도 서로 용서하십시오'(골 3:13). 남을 용서하는 것은 자신을 용서하는 것도 포함되는데, 이것은 실제로 매우 힘든 일이다.

선교사는 특히 자신의 수고에 대한 가시적인 결과가 보이지 않을 때 **좌절할**(discouraged) 수 있다. 또한 새 회심자들이 죄에 빠져 탐닉하거나 주님께 냉담한 태도를 보일 때에도 좌절하게 된다. 이러한 상황에 직면할 경우에는 다른 지역에서 일어나는 하나님의 역사를 알려주고, 그것을 위해 기도하는 것이 도움이 된다. 다른 선교지역에서 복음의 역사가 일어나는 것을 봄으로써 격려를 받게 되는 것이다.

의심과 좌절감은 **우울증**(depression)을 유발할 수 있다. 이것은 대부분의 선교사들이 겪는 현상이며, 자주 수면 부족, 과로, 질병 등으로 인해 더욱 심해진다. 그러나 절망감이나 좌절감이 심화될 경우에는 정신 건강 전문가의 진단을 받아야 한다. 앞에서 언급한 모든 감정들은 내가 하나님의 뜻 안에 거하는가, 하나님은 나의 상태를 아시고 치료하시는가 하는 등의 의심을 유발할 수 있다. 이 경우에 적합한 성서말씀을 살펴보자. '우리 주 예수 그리스도와 우리를 사랑하시고 은혜 가운데서 영원한 위로와 선한 소망을 주시는 하나님 우리 아버지께서 친히 여러분의 마음을 격려하시고 모든 선한 일과 말에 굳세게 해주시기를 빕니다'(살후 2:16,17).

성 문제

선교사가 가장 상처입기 쉬운 영역 중의 하나가 바로 성 문제이다. 간음, 동성애, 기타 다른 성적 탐닉 등은 선교사가 넘어서기 힘든 유혹들이다. 고린도 교회에 쓴 편지에서 바울은 이 문제에 관해 언급했다. '여러분 가운데 이런 사람이 더러 있었습니다'(고전 6:11).

사실, 선교사는 본국에서보다 선교현장에서 더 이러한 성 문제에 심각하게 노출되어 있다. 예를 들어 원주민들이 나체로 생활하는 지역에서 함께 사는 경우가 있는데, 이때 특히 남자 선교사에게는 심각한 문제가 될 수 있다. 남녀 관계가 자유로운 관습을 가진 원주민들도 있으며, 이들은 선교사도 그들처럼 동일한 생활양식으로 살기를 기대한다. 피로, 질병, 이혼 등도 결혼생활을 위협하고 성 문제를 야기할 수 있는 원인들이 된다. 독신 선교사는 자신의 성적 욕망과 유혹에 대항하여 싸워야 한다.

남성이든 여성이든 가장 큰 성 기관은 두뇌이다. 두뇌는 세상의 모든 일이 통과하는 채널이다. 성적 환상은 두뇌에서 발생하여 정신과 상상에 의해 점점 커진다. 잠재의식인 정신은 컴퓨터의 기억장치와 같은 것으로서 좋은 것이든 나쁜 것이든 그 속에 채워진 모든 자료를 생각나게 한다. 그러므로 성적 유혹에 대항하는 싸움은 원래 정신에서 일어난다. 남성은 시각적 효과에 의해 성적 욕망이 일어난다. 두뇌는 그러한 이미지들을 저장해

놓았다가 비디오처럼 즉시 재생할 수 있다. 그러므로 남성은 눈으로 보는 것들을 잘 통제해야 한다. 반면에 여성은 애무나 낭만적인 상상에 의해 성적 욕망이 일어난다. 그러므로 여성은 친밀하게 접촉하거나 낭만적인 문학 작품들을 읽는 데 조심해야 한다.

다음은 성적 유혹과 죄를 다루는 원칙들이다.

- 정신이 어디에 거하는지 경계하라. 성서 진리로 정신을 끊임없이 새롭게 하라.
- 마음이 그리스도의 평화 안에서 안식하게 하여 악한 생각과 행동의 충동을 받지 않게 하라.
- 사생활에서 자신의 영광을 드러내기보다는 하나님을 기쁘시게 하고 영화롭게 하도록 목적을 변경하라.
- 성적 범죄는 다른 죄와 마찬가지로 고백하고 회개하여 처리되어야 한다. 하나님에게 있어 죄의 서열은 존재하지 않는다. 그러나 성적 범죄에 대해 결정해야 할 사회적 규범은 존재한다.
- 하나님은 자기 백성들이 성적 범죄의 노예가 되는 것을 원치 않으신다. 그러나 그들의 이면의 경험, 유혹, 약점, 신체구조 등에 대해서는 훤히 알고 계신다.
- 그리스도인의 생활에서 성적 충동이 가장 큰 장애물일 수 있다. 그러나 하나님은 독선과 교만을 더 해로운 것으로 보실 수 있다.

- 하나님은 자기 백성들의 삶을 재형성하는 계획을 가지고 계신다. 매듭이 풀려 뒤엉킨 낚싯줄처럼 어떤 매듭들은 다른 매듭들이 풀리기 전에 마땅히 풀려야 한다.
- 더욱 사교적이 되고 덜 환상에 빠지도록 해야 한다. 다른 사람들과 건강한 관계를 맺는 것은 중요하다. 주요 싸움은 정신 안에 있는데, 자신의 생각과 삶에서의 정결함을 추구하는 것이다.

'하나님의 뜻은 여러분이 성결하게 되는 것입니다. 여러분은 음행을 멀리 해야 합니다. 각 사람은 자기 아내를 거룩함과 존중함으로 대할 줄 알아야 합니다. 하나님을 알지 못하는 이방 사람과 같이 색욕에 빠져서는 안 됩니다… 하나님께서 우리를 불러주신 것은 더러움에 살게 하시려는 것이 아니라 거룩함에 이르게 하시려는 것입니다'(살전 4:3-5, 7).

스트레스와 탈진

분주한 선교사들은 자주 자신들이 끊임없이 달리고 있으며 멈출 수가 없다고 느낀다. **스트레스**(stress)는 '성급함(hurry)'이라는 질병으로 불려왔다. 스트레스 중에는 축 늘어지는 생활을 막는 데 필요한 건강한 스트레스도 있다. 그러나 정신적으로, 정서적으로 지나치게 활동하고 혹사당하게 되면 해롭고 과도한 스트레스를 겪게 된다. 이것은 근심, 불면증, 휴식할 수 없는 상태를 초래한다. 선교사는 자신이 이러한 상태에 빠져 있다는 것을 알게 되면, 그리스도께서 제자들에게 충고하셨던 대로 '따로 외딴 곳으로 가서 좀 쉬어야 한다'(막 6:31). 만약 그렇게 하지 못하면 정서적으로 외톨이가 되고 만다. 선교사는 어떤 비현실적인 목적을 변경하기 위하여, 다른 사람에게 위임할 수 있는 일이 무엇인가 분별하기 위하여, 휴식을 취하고 취미생활을 영위하는 것을 배우기 위하여 자신의 활동을 돌이켜보는 것이 중요하다.

반면에 **탈진**(Burnout)은 삶과 사역에 대해 좌절감을 안겨주고 정서적으로 위축시키며 절망감을 느끼도록 만든다. 그것은 특별히 새로운 사역을 요구한 후이거나 혹은 사역기간이 끝날 즈음에 공통적으로 나타난다. 필자는 처음 4년간의 사역이 끝날 즈음에 탈진상태를 경험했다. 육체적으로 기진맥진하게 되어 정신적으로, 정서적으로 그리고 영적으로 완전히 메말라 버렸던 것이다. 그리하여 더 이상 살 가치가 없다고 생각했으며, 하나님께서 이러한 필자의 상태를 아시고 보살펴 주시는지 확신할 수도 없었다. 이로부터 회복하는 데에는 아무 일도 하지 않은 채 오랜 동안의 휴식을 필요로 했다. 선교사는 이러한 문제를 다른 그리스도인들과 함께 나눔으로써 해결하는 데 도움을 받을 수 있다. 이러한 상태에 빠지게 되면, 무엇보다도 선교사는 주님께서 새롭게 해주시고 격려해 주시도록 기다려야 한다. '소망을 주시는 하나님께서 믿음에서 오는 모든 기쁨과 평화를 여러분에게 충만하게 주셔서 성령의 능력으로 소망이 여러분에게 차고 넘치기를 바랍니다'(롬 15:13).

일부 선교사들은 뿌리깊이 박힌 정서적이고 정신적인 징후들을 자주 선교현장을 경험하기도 전에 드러내는 경우가 있다. 이러한 문제들은 심리치료를 통해 치유해야 하며, 모든 선교사 지망생들은 사전에 이러한 문제들에 관하여 상담하는 것이 중요하다. 그러나 아무리 잘 준비하고 보살필지라도 옛 문제들이 다시 발생하지 않는다는 보장은 없다. 선교사는 어린 시절에 겪은 정신적 충격, 결손 가정에서의 성장, 정서적 박탈감, 알콜 중독 부모 등으로 인해 야기된 내적 스트레스와 싸워야 하는 경우도 있다. 그는 먼저 선교사 생활의 압박감에 대해 그리스도인 전문가와 상담하는 것이 필요하다. 이러한 과정을 통해 그는 과거 갈등들을 해결할 수 있을 뿐만 아니라, 타문화에서 살면서 사역하는 동안 겪는 스트레스들을 잘 해결할 수 있게 된다.

정서적·정신적 갈등의 치유

정서적·정신적 건강을 유지하기 위해 취해야 하는 태도와 행동들은 다음과 같다:

- 긍정적인 감정들을 매우 자주 표현하라. '주님 안에서 항상 기뻐하십시오. 내가 다시 말하거니와 기뻐하십시오' (빌 4:4).
- 부정적인 감정은 주님께 맡겨라 (빌 4:6,7).
- 매일 하나님의 말씀으로 정신을 새롭게 하라 (롬 12:2).
- 모든 생각을 그리스도께 복종하도록 하라 (고후 10:5).
- 성령의 열매 – 사랑, 기쁨, 평화 등(갈 5:22) – 를 기도함으로써 구하라.
- 스스로 유머 감각과 웃는 능력을 길러라 (잠 15:13;17:22).
- 다른 사람들의 조언을 구하고 필요한 것을 그들과 함께 나누어라. '여러분은 서로 남의 짐을 져 주십시오 이런 방법으로 그리스도의 법을 성취하십시오' (갈 6:2).
- 하나님의 죄사하심을 기뻐하라. 다른 사람들을 용서하는 정신을 달라고 기도하라 (마 6:14, 15).
- 사탄과 대적하라. 그리하여 당신의 정신 안에 그를 위한 발판을 제공하지 말라 (벧전 5:6-10).

육체적 측면들

'우리는 이 보물을 질그릇(죽을 운명의 인간의 육체) 속에 담고 있습니다' (고후 4:7).

선교사역을 준비하기 위해 그리고 본국에서 휴가를 즐기는 동안 완벽하게 건강검진을 받는 것은 중요하다. 타문화에서 살다 보면 자주 면역이 되지 않는 질병들에 노출된다. 선교사가 파송되는 나라에 모든 질병에 대한 면역체계를 갖추도록 충고하는 것이 필요하다. 또한 보조 백신과 말라리아 예방약을 처방해 가는 것도 중요하다. 이와 관련된 속담이 있다; '한 온스의 예방은 한 파운드의 치료 가치가 있다.' 외딴 벽지에서 사역하고자 계획하는 선교사는 치과 검진과 안과 처방을 받는 것과 가족을 위해 필요한 적절한 의약품을 준비하는 것이 현명하다.

선교사는 어디에서 살든 건강하고 청결한 생활을 위한 규범을 준수해야 한다. 여기에는 균형 잡힌 식사, 알맞은 수면과 운동이 포함된다. 또한 자녀들에게 특별한 주의 사항, 예를 들어 음식을 먹기 전에 손을 씻도록 하는 것, 물이나 우유는 반드시 끓여서 마시는 것 등에 관해 교육시켜야 한다. 깨끗하고 안전한 물을 공급하는 것과 쓰레기를 적당하게 버리는 것은 필수적이다. 말라리아같이 곤충이 전염시키는 질병이 성행하는 지역에서는 창문에 파리를 막는 방충망을 치고 침대에 모기장을 설치하는 것이 중요하다. 덥고 습기가 많은 지역이나 고지대에서 사역을 행할 경우에는 체력단련과 충분한 음료수와 휴식을 취해야 한다.

세계적으로 번지고 있는 에이즈에 대한 지식을 가져야 한다. 주사와 수혈에 관한 예방책을 준비하고 모든 장비를 완전하게 소독해야 한다. 저개발 지역으로 파송되는 선교사는 완전히 소독한 주사기와 바늘을 준비해야 한다. 많은 선교단체들은 현재 자기 회원들에 관한 혈액은행 정보, 예를 들어, 혈액형, 에이즈, 그리고 B형 간염 등에 관한 정보를 마련하고 있다. 그러면 선교사가 수혈해야 할 경우, 같은 지역의 선교사 중에서 안전한 혈액 기증자를 찾을 수 있다.

비록 모든 예방책을 마련할지라도 선교사나 가족들은 때때로 병에 걸리기 쉬운데, 그럴 때는 상식을 잘 이용해야 하며 적당한 치료와 휴식을 취해야 한다. 선교사는 질병에 걸렸을 때도 일을 질질 끌면서 행하려는 유혹에 빠지기 쉬운데, 이것은 생산적이지 못하다. 오히려 질병에 걸렸을 때는 자신이 하나님께 없어서는 안 되는 절대 필요한 존재이며, 자신의 힘이나 능력에 의존하기보다는 주님께 더 의존하는 것을 배우는 좋은 기회로 여겨야 한다. 병이 오래가면 쉽게 의기소침해질 수 있다. 이러한 감정은 보통 질병의 한 부분이며 건강을 회복하면 자연히 소멸된다.

가족계획은 선교현장에서 매우 중요한 문제이다. 임신은 여성의 건강과 에너지를 빼앗는다. 임신기간 동안에는 어떠한 백신도 피해야 한다. 선교현장에 처음 적응하는 기간에는 피임하는 것이 바람직하다. 외딴 지역이나 의료시설이 빈곤한 지역에서는 출산과 산후 조리가 심각한 문제가 된다. 만약 임산부가 더 큰 병원에서 출산해야 할 필요성이 있는 경우에는 남편은 남아 있는 가족을 보살피는 책임을 떠맡아야 한다. 자녀를 갖는 것은 훌륭한 선물이지만, 선교현장 환경을 고려하여 현명하게 계획을 세워야 한다.

소소한 증세들, 예를 들어, 두통, 통증, 발열, 기침, 감기, 구토, 설사 등을 치료하는 데는 기초적인 의료도구가 유용하다. 또한 감염을 예방하는 항생제나 말라리아 치료제(예방약과는 다르다), 상처 난 데 바르는 방부제, 스킨 로션 등도 필요하다. 기초의료도구를 준비하는 데는 의사의 도움이 유익하다. 선교현장에 갈 때 '제일 원조 요람(First Aid manual)'[7]뿐만 아니라, 기초건강 유지나 일반적인 질병 치료에 관한 책을 가져가는 것이 유익하다.

---

7) 외딴 지역에서 사역하는 선교사들을 위해 최고로 추천하는 책은 데이비드 워너(David Werner)가 지은 『의사가 없는 곳』(Where There is No Doctor)이다. 헤스피리언 파운데이션 (Hesperian Foundation) 출판, PO Box 1692, Palo Alto, CA 94302; 이 책은 영어, 스페인어, 스와힐리어(Swahili), 포르투갈어 외에도 여러 언어로 번역되었다.

한번 더 생각하고 행동하기

1. 여러분이 의존하기 쉬운 세상의 거짓 안전장치들은 무엇인가? 예를 들어 돈, 직업, 사회적 지위 등.
2. 그리스도 안에서의 여러분의 진정하고 영원한 정체성에 관해 배운 바를 여러분 자신의 말로 표현해 보라.
3. 예수 그리스도의 진정한 제자가 되기 위해 당신의 삶에서 변화를 필요로 한 부분은 무엇인가? 예를 들어 시간 이용, 생각하는 삶, 태도 등.
4. 이 장에서 논의한 감정들·정신 상태 중 여러분이 특별히 관심하는 것들은 무엇인가? 여러분은 그것들을 보다 긍정적인 방식으로 어떻게 다룰 수 있는가?
5. 이 장에서 배운 건강유지 원칙들은 무엇인가? 여러분은 그 원칙들을 여러분의 선교현장에서 어떻게 실행할 수 있는가?

7
인간관계

선교사들 사이의 인간관계는 자주 그들의 삶을 매우 건강하고 풍부하게 해준다. 평범한 생활에서는 극히 드문 스트레스를 선교사 생활 동안 공통적으로 겪음으로 인해 그들은 서로를 잘 이해하고 바르게 평가하게 된다. 위험이나 슬픔이나 난관에 직면할 때, 기도와 친교를 통해 그들의 마음은 하나로 결속되며, 주께서 그들을 위해 역사하신다는 사실을 깨닫게 된다. 그들은 또한 원주민 교회에서 일어나는 회심이나 영적 성장과 같이 용기를 북돋아 주는 일들을 서로 나누기도 한다.

선교사들의 차이점

그럼에도 불구하고 많은 선교사가 다른 선교사들과의 갈등으로 말미암아 선교현장을 떠나 본국으로 귀국하는 경우가 있다. 선교사들과 현지인들 사이에 오해가 발생하기도 하는데, 그들 사이에 차이점이 있다는 것을 예상하고 인정해야 한다. 선교사들 사이에 발생하는 긴장의 주요 원인은 그들의 인격, 국민성, 가족배경, 교리문제, 목회철학, 성별, 연령 등과 같은 것에 의해서 나타나는 차이점들이다. 따라서 동료 선교사들 사이에 차이점을 인정하고 받아들이는 노력을 기울이지 않는 한, 서로에 대한 오해는 항상 잠재하고 있게 마련이다.

각각 다른 인격들은 서로를 보완해줄 수 있고 선교사역에 다양한 공헌을 할 수 있다. 어떤 문제를 토론하고 결정할 때, 모임에 참가한 모든 선교사가 자신의 생각을 표현하는 권리를 가질 수 있어야 하며, 의장은 회원들의 결정에 따라 전략을 수립할 책임이 있고, 회원들은 서로 협력하여 그 전략을 수행하여야 한다.

선교사들 사이의 차이점으로 인해 선교 팀 내에 긴장이 야기될 수 있다. 사탄은 이때를 기회로 삼아 긴장을 더욱 확대시키려는 음모를 꾸미고 영적 사역을 방해하는 불화의 씨를 뿌리려고 할 것이다. 그러므로 선교사들은 성서의 권면의 말씀에 성실하게 복종해야 한다. '여러분은 성령이 여러분을 평화의 띠로 묶어서 하나가 되게 해주신 것을 힘써 지키십시오'(엡 4:3). 이러한 문제에 주의를 기울이는 것은 효과적인 복음증거와 또한 현지 교회개척을 위해 중요한데, 그러한 사역들이 성령의 하나됨을 증명할 것이기 때문이다.

대화기술

선교사들 사이의 조화는 서로 관계를 맺는 데 있어 보다 나은 대화기술에 의해 향상될 수 있다. 이러한 대화기술은 갈등이 야기되는 것을 예방하고 야기된 갈등을 적극적인 방식으로 해결하는 데 필수적이다. 타문화 내에서의 대화는 많이 강조되는 반면, 선교사들 사이의 명료한 대화의 중요성에 대해서는 별로 주의를 기울이지 않는다. 선교사는 동료 선교사와 대화를 나눌 때, 자신의 요점이 무엇인가를 명백하게 표현해야 하며, 상대방의 요점이 무엇인지도 주의깊게 들어야 한다. 또한 육체 언어나 태도 같이 말로 표현하지 않는 경우를 잘 포착하는 것도 중요하다. 대화의 구성요소는 태도가 55퍼센트, 육체 언어 표현이 38퍼센트이며, 직접 말로 하는 경우는 7퍼센트에 지나지 않는다는 연구결과가 나왔다. 이것은 효과적인 대화를 나누기 위해서는 이 세 가지 요소를 잘 조화시켜야 한다는 것을 의미한다.

대화에 있어 태도가 차지하는 역할에 대해 생각해 보자. 태도는 '관점, 매너, 성질' 등으로 정의된다. 설령 다정한 어휘들을 사용할지라도 불쾌한 표정이나 거친 태도로 말할 경우에는 아무런 효과가 없게 된다. 이것은 의사소통을 잘하기 위해서는 상대방에 대해 올바른 태도를 취하는 것이 얼마나 필요한가 하는 것을 입증해 준다. 앞에서 언급했듯이 선교사들은 서로 보살피고 격려해 주어야 한다. 그것은 함께 사역하는 동료들 사이에 팀 정신을 바로 세우고 유지하는 방법이 된다. 빌립보서 2장 3-5절은 이에 관한 매우 적절한 말씀이다. '어떤 일을 하든지 다툼이나 허영으로 하지 말고 겸손한 마음으로 하고 서로 자기보다 남을 낮게 여기십시오 또한 여러분은 자기 일만 돌보지 말고 서로 다른 사람들의 일도 돌보아 주십시오. 여러분은 이런 태도를 가지십시오. 곧 그리스도 예수께서 보여주신 태도입니다!'

인간관계에서의 갈등

선교 팀 지도자들은 선교사들이 서로 좋은 관계를 맺도록 할 수 있는 모든 방법을 다해 그들을 도와주어야 한다. 지도자들은 선교사들 사이에 일어나는 갈등을 잘 파악하고 있어야 하며, 너무 악화되어 치유할 수 없을 정도가 되기 전에 중재자 역할을 해야 한다. 선교현장과 본국에서 이에 관한 세미나를 개최하는 것이 좋은 대화기술을 가르치고 강화하며 갈등을 해소하는 데 유익할 것이다.

비록 상대방의 견해에 동의하지 않더라도 그를 인정하고 존경하는 것이 갈등을 예방하는 데 필수적이다. 선교사들은 이론적으로는 이 같은 사실을 잘 알지만, 갈등이 심해지면 이에 대한 통찰력을 잃기 쉽다. 예를 들어 어떤 그리스도인은 주일을 설교하고 예배드리고 성경을 읽는 특별한 날이라고 철석같이 생각하는 데 반해, 다른 그리스도인은 모든 날이 예배드리고 성경을 읽고 복음을 선포하는 날이라고 생각한다.

필자는 일주일 내내 일해야 하는 병원사역에서도 선교 팀 회원들 간에 상대방을 비판하는 일이 있음을 알았다. 어떤 회원들은 일주일 내내 일하는 다른 회원들을 비판했으며, 반대로 비판받은 회원들은 주일날에도 환자들을 치료하느라 정신이 없는데도 가장 좋은 옷으로 차려입고 하루 종일 앉아서 한가롭게 지내는 그들에 대해 분개했다. 양측 모두 다 서로 다른 견해와 사역이 갈등의 원인이 되지 않도록 예방하기 위해서 상대방을 인정해야 한다. '여러분 쪽에서 할 수 있는 대로 모든 사람과 더불어 화평하게 지내십시오'(롬 12:18).

선교사는 동료들과 관계를 맺는 데 있어 잘못된 목적을 가질 수 있다. 어떤 선교사는 언제나 올바르게 행해야 한다는 강박관념에 사로잡혀 있는데, 그는 동료 선교사들이 자신의 방식에 동의하도록 상황과 사람들을 조종하려 든다. 반면에 다른 선교사는 상대방에게 인정받아야 한다는 강박관념에 사로잡혀 있는 경우가 있다. 그는 갈등으로부터 물러나는 것이 자신의 목적을 성취하는 수단이라고 생각한다. 선교사는 갈등을 해결하는 전략을 잘 알아야 하며, 성서적 방법으로 갈등을 해결하기 위해서 자신의 방식을 재평가하고 변경할 필요가 있다. 어떤 문제에 대해 후퇴하지도 않고 모든 동료 선교사들에게 항상 자신의 방식에 동의해 달라고 요구하지도 않는 것이 서로간의 차이점을 해결하는 성숙한 방법이다.

 선교사들 사이에 나타나는 차이점은 서로를 이해하는 폭을 넓혀 주며, 관계를 맺는 데 있어서 서로를 성숙하게 만드는 기회를 제공한다. 만약 어떤 선교사가 괴로움과 용서하지 못하는 정신으로 고통당하고 있다면, 그것들은 반드시 해결되어야 한다. 그는 그러한 감정과 태도를 고백해야 하며, 동료 선교사들은 그를 위해 기도해야 한다. 그러면 그는 내적 해방감과 자유를 얻게 되어 자기와 의견이 다른 선교사들에게 도움을 베풀게 된다. '그러므로 이제부터 서로 남을 판단하지 마십시다. 형제자매 앞에 장애물이나 걸림돌을 놓지 않겠다고 결심하십시오… 그러므로 우리는 서로 평화를 도모하는 일과 서로 덕을 세우는 일에 힘씁시다'(롬 14:13, 19).

갈등의 원인

다음에 제시한 행동들과 태도들은 인간관계에 있어 혼란과 갈등을 야기할 수 있다.
- 상대방을 거부하는 태도는 불신을 조장한다.
- 해결되지 않은 부정적인 감정이나 교만과 같이 서로를 나누는 데 있어 솔직하지 못한 태도
- 인격, 국민성, 언어, 성별, 교리적 입장, 연령 등에 있어서의 차이점들.
- 해결되지 않는 오해, 사소한 문제가 크게 된다.
- 용서하지 않는 태도
- 화나게 하는 말과 비난.
- 의사소통의 실패 혹은 단절.
- 다른 목적이나 사역방식을 가진 사람들; 예를 들어 어떤 이는 일을 하고자 하는 데 반해, 다른 이는 현지인들을 다루고자 한다.
- 통일성은 의견의 획일성을 요구하지 않는다는 사실을 깨닫지 못하는 것.
- 다양한 은사와 방법이 사역을 활기차게 한다는 것을 평가하지 못하는 것.

갈등의 해결

다음에 제시한 것들은 갈등을 예방하고 해결하는 원칙들이다.
- 서로 순종하라 (엡 5:21).
- 사랑 안에서 진리를 말하라 (엡 4:15).
- 상대방을 존경하고 인정하라; 신뢰의 결속이 갈등 해결의 필수 요소이다 (롬 15:7).
- 상대방을 위해 기도하라; 상대방의 관점을 이해하려 애써라.
- 양측 모두에게 적절한 토론 시간을 마련하기 위해 기도하라.
- '미안합니다', '제 잘못입니다'라고 말하는 것을 배워라; 단 '그러나 당신은…'이라는 단서는 붙이지 마라.
- 각 사람의 목적을 명백하게 하라; 만약 토론이 싸움으로 비화되거든 물러서라.
- 상대방을 비난하거나 과거의 불평을 조장하는 등과 같이 대립적인 입장을 피하라.
- 현재의 문제에 집중하고 그와 관련된 모든 사실을 파악하라.
- 원칙은 타협하지 말고 차이점들에 대한 해결책을 모색하라.
- 갈등을 해결하는 것이 관계를 풍요롭게 한다는 사실을 배워라.
- 대화 채널을 항상 열어놓아라. 사람들에 관해서보다는 사람들에게 말하는 습관을 익혀라.

'누가 누구에게 불평할 일이 있더라도 서로 용납하여 주고 서로 용서하여 주십시오. 주께서 여러분을 용서하신 것과 같이 여러분도 서로 용서하십시오'(골 3:13).

중재자는 여러 문화 내에서 갈등을 해결하는 중요한 역할을 갖고 있으며, 이와 같은 해결 방법들을 사용하는 것은 매우 중요하다. 선교 팀 지도자는 중간입장을 가진 채로 갈등을 중재하기 위해 다음과 같은 방법들을 사용할 수 있다.

- 양측이 거부하는 부분과 그들이 가지는 잘못된 태도를 각각 확인하라.
- 양측의 목적을 각각 평가하라; 그들이 처해 있는 반대 입장을 변경하도록 모색하라.
- 각 사람의 잘못된 행동양식을 확인하라.
- 문제들을 한번에 하나씩 해결할 수 있도록 작게 나누라.
- 양측이 대화기술을 향상할 수 있도록 도와주라.
- 양측으로부터 사과와 용서를 구하라; 양측이 함께 기도하게 하라.

'부드러운 대답은 분노를 가라앉히지만 거친 말은 화를 불러일으킨다… 화를 쉽게 내는 사람은 다툼을 일으키지만 성을 더디 내는 사람은 싸움을 그치게 한다'(잠 15;1,18).

사례연구 : 동료들과 관계맺기

다음의 상황에서 나타나는 문제들을 생각해 보라. 그리고 성서적 원칙들과 개념들을 적용시켜 보라. 그러고 나서 마지막으로 질문에 대답할 때, 각 사람들 사이에 잠재하고 있는 갈등에 대한 해결책을 제시하라.

마르다는 나이가 많은 여인이면서도 복음증거, 교회개척, 현지인들에게 제자교육을 시키는 데 있어서 선구자적 선교사였다. 그녀는 현지 언어를 모국어처럼 유창하게 하였고, 뭄보(Mumbo)의 원주민들과 훌륭한 관계를 유지하고 있었는데, 그들은 그녀를 '어머니'라고 불렀다.

그녀는 노인들이 존경받는 보수적이고 전통적인 아시아 국가에서 파송되었다. 그녀는 선교학이 대학에서 교양과목이 되기도 전인 1950년대에 근본주의적인 침례교 성서대학과 교사 훈련학교에 입학하여 수학했다.

앤드류는 신학과 선교학을 전공하고 최근에 졸업한 신참 미국인 선교사이다. 그는 자유주의적인 대형 감리교회 출신인데, 그 교회에서는 과학기술과 연극 소도구들을 교육도구로 이용했다. 그는 노인들이나 권위에 대해 별로 존경심을 보이지 않는 세대였다.

그는 6개월 간 언어훈련을 하였으며, 자신의 설교를 상황화(토착화)하기 위해 애를 썼다. 그는 최근에 뭄보로 파송되어 그곳 성경학교에서 가르치고 있다.

야곱은 성경학교 학생이다. 그는 앤드류와 친하며 그를 관리들과 읍내 상점 주인들에게 소개해 주는 등, 그가 정착하도록 도와주고 있다. 며칠 후 야곱은 앤드류에게 마르다에 관한 불평을 늘어놓았다. 불평 내용인즉 그녀는 너무 모성애적이고 위세를 부리며 개체 교회에서 지나치게 권력을 가지고 있다는 것이다. 그는 말하기를 '우리는 우리 방식으로 교회를 운영하고 싶어요'라고 했다.

사례연구에 대한 질문 :

1. 마르다와 앤드류 사이에 잠재하고 있는 문제는 무엇이라고 생각하는가?
2. 앤드류가 마르다에 대해 발전시켜야 할 긍정적인 태도는 무엇인가?
3. 마르다는 앤드류가 뭄보에 도착할 때 어떻게 반응하는 것이 좋은가? 그녀가 앤드류에 대해 취해야 할 긍정적인 태도는 무엇인가?
4. 앤드류는 마르다에 대한 야곱의 불평을 어떻게 다루어야 하는가?

5. 각 등장인물들에 관해 알고 싶은 다른 정보들은 무엇인가? 예를 들어 야곱의 영적 상태와 교회 안에서의 위치 등.
6. 선교 팀 지도자는 이러한 상황에서 무슨 예방책을 취해야 하는가?
7. 선교 팀 지도자는 마르다에 대해 불평을 늘어놓은 앤드류의 편지에 뭐라고 응답해야 하는가?

> ### 한번 더 생각하고 행동하기
>
> 1. 선교사들 사이에 오해를 불러일으킬 수 있는 차이점은 어떤 것들이 있는가?
> 2. 인간관계에서 우리의 태도가 서로간의 의사소통에 어떤 영향을 끼치는가?
> 3. 기독교 교리에 있어 선교사들 사이에서 갈등의 요인이 될 수 있는 것은 무엇인가?
> 4. 인간관계에서 갈등을 일으키는 원인들을 열거하라.
> 5. 갈등을 해결하는 원칙들을 열거하라.
> 6. 선교 팀 지도자는 팀 회원간에 발생한 갈등들을 어떻게 해결할 수 있는가?

8
결혼생활과 가정생활

사례연구 : 불화

제임스와 룻 부부는 선교현장에서 한동안 스트레스에 시달렸다. 그들은 선교생활의 압박감에 시달렸으며, 설상가상으로 서로간의 관계를 해치는 해로운 태도와 행위가 더욱 심해졌다. 제임스는 큰 병원 지구에서 사역하는 선교 팀에서 유일하게 기계와 전기를 다룰 줄 아는 회원이었다. 이것은 그가 끊임없이 긴급상황에 불려다녔으며, 그로 인해 가족과 함께 지낼 시간이 거의 없었음을 의미한다. 룻은 자신의 가정에서 이루어져야 할일이 무엇인가를 모두 알고 있었다. 그녀는 남편 제임스가 그녀와 자녀들에게 시간을 전혀 투자하지 않는 듯해서 분개했다.

룻은 영리하고 재치가 번뜩이는 여성이었으며, 그래서 자신의 생각과 감정을 표현하는 데 분명했다. 반면에 제임스는 생각하는 것이나 반응하는 것이 매우 느린 사람이었다. 그는 자신의 생각이나 감정을 표현하는 것을 배운 적이 없었다. 어떤 결정을 내려야 할 상황이 닥칠 경우, 그는 그것에 대해 생각은 하나 실제 행동으로 옮기지는 못했다. 룻은 남편이 주도적으로 이끌어 가도록 기다리는 데 점점 조급하게 되었다. 마침내 그녀는 결단을 내리고 행동으로 옮기기로 했다. 제임스는 영리한 아내가 위협을 가한다고 느꼈으며 논쟁에서 아내의 상대가 되지도 못했다. 그래서 그는 아내와 대립하기보다는 뒤로 물러서는 것이 더 쉬운 일임을 알았다. 룻은 비록 자기 방식대로 하기는 하지만, 결혼관계와 가정생활에서 남편이 지도력을 발휘하지 못한 데 대해 불만스러워 했다. 그들 부부관계는 가정생활의 다른 분야에서 야기된 갈등을 반영해 주었다.

그들을 상담할 때 각자가 부부로서의 장점과 약점뿐만 아니라, 자신의 장점과 약점을 이해하도록 서로를 도와주어야 한다고 강조했다. 또한 상대방이 자신의 필요를 충족시켜 주도록 조종하기보다는 자신이 상대방의 필요를 충족시켜 주도록 서로 도와주어야 한다고 강조했다. 그들에게 있어 가장 큰 어려움은 각자의 차이점을 서로 인정하는 것이었다. 그들은 자신들이 누구는 옳고 누구는 그른 것이 아니라, 단지 서로 다른 인격을 가졌다는 사실을 인정해야 했다.

룻은 성급하게 말하는 버릇을 고쳐야 한다는 도전을 받았으며, 또한 남편을 이끌어서 남편이 자기 자신에 대해 주저없이 표현할 수 있도록 도와주어야 한다는 데 고무적이 되었다. 제임스는 항상 쉬운 길만 택해 왔기 때문에 그러한 태도를 바꾸기 위해서 고통을 겪어야 했다. 그는 자신의 생각과 감정을 말로 잘 표현하는 훈련을 받아야 하며, 가정생활에서 어떤 결정을 내릴 때 자신의 책임을 실행해야 한다는 도전을 받았다. 말할 필요도 없이 그들은 하룻밤 새에 과거의 생활방식을 바꿀 수는 없었다. 그들은 서로간의 관계양식을 바꾸고 갈등 해결방식을 건설적인 방식으로 바꾸기 위해서 오랜 동안 어려움을 겪어야 했다.

그리스도인들에게 있어 남편과 아내의 관계는 성서의 가르침에서 비롯되기보다는 자신들의 문화에서 비롯된다. 선교사는 성서의 관점에서 자신의 결혼생활과 가정생활을 재평가해야 한다. 선교사는 자신의 문화적 배경이 무엇이든지간에 자신의 태도, 행동양식, 배우자와의 관계방식을 기꺼이 바꾸어야 한다. 결혼관계의 기초는 '그리스도를 두려워하는 마음으로 서로 순종하는 것'(엡 5:21)이어야 한다. 이러한 기초에 근거하여, 아내는 교회가 그리스도께 순종하듯이 자발적인 이타심을 가지고 남편에게 순종하여야 하며, 남편은 그리스도께서 교회를 사랑하듯이 희생적인 사랑을 가지고 자기 아내를 사랑하여야 한다. 남편과 아내는 모두 '내 권리가 무엇인가?'라고 묻기보다는 '결혼관계에 있어 내 책임이 무엇인가?'라고 물어야 한다(에베소서 5장 21-33절을 보라). 성서적인 결혼관계는 그리스도와 교회의 관계를 보여주는 초상이기 때문에 타문화에서도 여전히 가장 중요한 문제이다.

결혼생활의 중압감

타문화에서의 선교사의 결혼생활은 본국에서처럼 동일한 압박감에 시달릴 뿐만 아니라, 부부 모두 타문화 생활로 야기된 특별한 중압감에 얽매인다. 다음에 열거하는 것들은 결혼생활에 영향을 끼치는 스트레스들이다.

- 부부 모두 선교사 초기 시절에는 새 문화와 새 언어를 배우는 데 적응하느라 엄청난 압박감에 직면한다. 부부는 각각 상대방의 괴로움에 대해 신경을 써야 하며 서로 격려해야 한다. 부부 중 한 사람은 외향적인 성격이어서 현지의 새 사람들과 사귀는 것을 즐기는 데 반해, 반대로 다른 한쪽은 내향적인 성격이어서 새 문화, 새 사람들과 접촉하는 데 괴로움을 겪을 수 있다. 그리고 언어를 배우는 속도도 차이가 있을 수 있는데, 이로 인해 부부간에 경쟁심이 생기지 않도록 주의해야 한다.
- 남편은 선교사역에 시간을 투자하느라 가정에는 소홀히

할 수가 있다. 선교현장에 스태프들이 부족한 경우에는 혼자 모든 일을 처리해야 하는 경우도 있다. 또한 다른 선교지역으로 여행해야 할 경우에는 가족과 헤어져서 혼자 지내야 한다. 남편과 아버지로서의 책임과 자신의 주요 사역 사이에서 씨름해야 한다. 아내가 자신도 선교 팀의 일원이라는 느낌을 가질 수 있도록 사역에 있어 영적인 면들을 아내와 함께 나누는 것이 중요하다.

- 아내는 아내와 어머니로서의 역할과 선교사역 사이에 나타나는 긴장과 씨름한다. 저개발 국가에서 사역하는 경우, 현대적인 편의시설이 없기 때문에 가사와 아이를 돌보는 일은 에너지와 시간을 고갈시킨다. 그러면 언어훈련이나 심방 등에는 전혀 시간을 낼 수 없다는 것에 대해 죄의식을 느낄 수 있다. 남편이 부재중일 경우에는 가정과 사역의 모든 책임이 아내 몫으로 떨어지며 외로움, 두려움, 불안, 분노 등과 싸워야 하는 경우도 있다.

- 문화와 사역으로 인한 스트레스는 부부 사이의 의사소통을 방해할 수 있다. 부부는 일상생활의 활동과 같이 피상적인 것만을 주제로 대화하게 되는데, 그래서는 안 된다. 부부는 자신의 개인적인 필요와 즐거움을 함께 나누는 등 의미있는 대화를 나누도록 노력을 기울여야 한다.

- 분주한 생활, 과로, 질병, 사생활 결핍, 격리, 자녀를 보살피는 일 등으로 인해 결혼생활 자체가 심한 압박감에 시달리게 된다. 그러면 의사소통은 자연히 단절되고 부부의 성생활에서도 긴장이 발생하며, 부부 사이의 갈등도 해결할 수가 없게 된다.

앞장에서 열거한 갈등 해결원칙들은 결혼관계에도 적용되어야 한다.

결혼생활의 향상

결혼생활은 그것을 향상시키는 것을 아무리 강조해도 지나치지 않을 만큼 선교사의 생활과 사역에서 매우 중요한 일이다. 물론 결혼생활에서 발생한 긴장이 가정생활과 사역에 영향을 끼칠 수 있다. 주변 사람들은 선교사 부부가 얼마나 좋은 관계를 가지고 사는지 주시할 것이다. 만약 그들 사이에 갈등이 발생하고 서로 싸우고 거칠게 대하면, 그들의 사역은 심각한 타격을 입을 것이다. 그러나 그들이 서로간에 그리스도의 사랑과 보살핌을 보여준다면, 그것은 수많은 설교보다 더 큰 영향을 끼칠 것이다. 한 선교사 아내는 최고의 친구라고 여기는 남편과 함께 하지 못할 경우에는 고립된 상황에서 견딜 수 없었다고 말했다. 이러한 결혼생활은 분명히 그리스도와 교회와의 관계를 원주민들에게 잘 묘사하면서 복음을 널리 드러냈을 것이다.

선교사는 결혼생활에 있어 자신의 문제를 인정하고 상담하는 것이 중요하다. 상담을 통해 선교사 부부는 상대방을 실망시킨 점에 대해 더욱 잘 파악할 수 있도록 도움을 얻어야 한다. 상담자는 상담 시간을 건강한 결혼생활을 세우는 기회로 삼을 수 있다. 일반적으로 남편에게는 아내에 대해 더욱 사려깊고 더 잘 보살피도록 권면해야 하며, 아내에게는 더욱 즐겁게 살며 남편의 필요를 지원하도록 권면해야 한다. 평판이 좋은 단체들이 운영하는 주말 프로그램으로서 결혼생활의 향상을 주제로 한 세미나를 추천할 수 있다. 이러한 세미나는 선교사 부부들에게 결혼생활의 방향을 제시해 주고, 서로간에 경청하는 시간을 마련해 주며, 현재의 결혼생활 상태를 평가해 준다. 이 장 끝에 게재한 남편과 아내를 위한 개인 목록표는 결혼관계를 향상시키는 데 도움을 줄 것이다.

가정생활

가정생활은 선교사가 노력을 기울여야 하는 가장 중요한 부분이다. 가정은 많은 기쁨과 풍요로움의 근원이 될 수 있지만, 만약 자녀들을 돌보는 것을 소홀히 할 경우에는 오히려 많은 슬픔을 가져오는 근원이 된다. 가정 안에서 일어나는 문제가 선교사들이 선교현장을 떠나는 주요 원인이 될 수 있다.

선교사는 선교현장으로 떠나기 전에 타문화에서 생활하는 문제에 관해 자녀들과 토론해야 한다. 자녀들이 충분히 이해하지 못할지라도 자신들이 의사결정 과정에 참여하고 있다고 느껴야 한다. 자녀들은 타문화에서 사는 문제에 대해 각자의 개성에 따라 다르게 반응할 것이다. 어떤 자녀는 흥분하여 열렬하게 원할 것이고, 다른 자녀는 새로운 변화를 직면하는 것에 대해 두려워하며 싫어할 것이다. 친한 친구들과의 이별, 학교문제, 확대가족(핵가족과 근친으로 이루어진 대가족) 문제 등은 자녀들에게 많은 걱정거리를 안겨줄 것이다. 그러므로 부모는 파송 준비기간과 타문화에 적응하는 기간 동안에 각 자녀들의 필요에 신경을 써야 한다.

자녀들이 새 문화에 적응하는 데 특별히 주의를 기울여야 한다. 그들이 타문화와 현지인들에 대해 긍정적인 태도를 발전시키도록 도움을 주어야 한다. 그리고 현지 언어를 배우고 현지 또래 아이들과 어울리도록 용기를 북돋워 주어야 한다. 이방인이 되고 '이상한 녀석'이 되는 문제는 매끄럽게 처리되어야 한다. 나이가 많은 자녀의 경우에는 그들이 자신들의 정체성을 '제3문화 아이들'—본국 문화와 타문화의 혼합 문화—로 규정하도록 도와주어야 한다. 그리고 타문화에서 생활함으로 인해 느끼는 박탈감을 예방하기 위해 이중언어를 사용하고 이중문화에서 생활하는 이점들을 강조해 주어야 한다. 이것은 십대 자녀들의 경우에 특히 중요한데, 왜냐하면 그들은 선교사 자녀로 생활하는 데 대해 약간 반항하는 모습을 보이며, 상급학교에 진학하기 위해 본국으로 귀국하는 경우 새로운 문제들에 직면하기 때문이다.

가정생활과 확대가족의 생활은 대부분의 문화들과 높이 평가되는 문화의 기초이다. 그러므로 선교사는 반드시 가정생활을

'사역'에 덧붙이는 정도의 그 무엇이 아니라, 가장 우선시하는 과제로 인식해야 한다. 일반적으로 어머니가 자녀들을 돌보는 주요 보호자이며, 따라서 아버지는 가정생활에서의 자신의 역할을 잘 감당하도록 시간 계획을 세워야 한다. 각자의 시간을 따로따로 이용하는 가정의 경우, 부모는 함께 지내는 시간을 잘 활용해야 한다. 이러한 상황은 남편이 어떤 사역 때문에 집에 부재중이거나 혹은 자녀들이 학교에 갔을 경우에 발생한다.

가정에서 현지인들을 허심탄회하게 접대하는 것과 그들을 위해 사역하는 것 사이에 균형을 잘 맞추는 것이 바람직하며, 그러는 중에도 가족들의 사생활은 어느 정도 보호되어야 한다. 자녀들은 자신들이 집에서조차 이방인들이며 현지인들이 더 중요한 사람들로 대접받는다고 느낄 경우, 부모를 원망할 것이다. 대부분의 문화들이 가족 중심이듯이, 자녀들은 가정의 '잠긴 문을 여는 훌륭한 기구들'이다. 현지인들과 선교사들은 자녀들과 가정생활 문제에 있어 공통의 관심을 가지며, 그로 인해 그들은 서로를 더욱 잘 이해할 수 있게 된다.

부모는 자녀 훈련방법에 관하여 의견이 일치되어야 한다. 만약 부모 중 한 사람은 엄격하고 다른 한 사람은 방임적일 경우, 자녀들은 후자를 더 좋아할 것이다. 자녀들은 부모들의 이러한 차이점을 이용하여 부모를 이간질시켜 분열을 일으킬 수도 있다. 부모는 자녀를 훈련하는 데 일관성이 있어야 하며, 자녀들의 행복을 위해 분노가 아닌 사랑과 관심으로 훈련해야 한다.

아버지와 어머니로서 부모의 역할은 자녀들의 발전을 위해 중요하다. 아들들은 아버지를 자신들의 남성다움과 남편과 아버지로서의 성인 역할의 형성을 위한 역할 모델로 볼 것이며, 딸들은 자신들의 여성다움과 후에 아내와 어머니가 되는 데 있어 어머니를 본보기로 따를 것이다. 물론 부모들에게서 이성에 대한 관점도 가지게 된다. 가정에서의 생활양식은 자녀들의 현재의 삶과 미래의 성인으로서의 삶을 위해 형성되어야 한다. 현명하고 경건한 부모역할을 하는 것보다 더 중요한 사역은 없다.

부모는 자녀들의 교육문제를 철저하게 살펴야 한다. 유치원생의 경우에는 가정에서 가르치는 것이 더 좋을 수 있으며, 초등학생은 비록 현지 언어를 배우고 있는 상태이지만 지방 학교에 보내는 것이 꽤 적절한 결정일 것이다. 중학생은 더 큰 지역의 학교로 진학시켜야 한다. 중학생 정도가 되면 가족과 헤어져서 친척들이나 친구들과 함께 혹은 기숙학교에서 생활하는 경험을 가질 필요가 있다. 이 경우에 부모들은 자녀들에게 사랑한다는 확신을 주어야 하고, 그들이 집에 있는 동안에는 최대한의 시간을 그들과 함께 보내야 하는 등, 자녀들에게 특별한 보살핌을 베풀어야 한다. 자녀 교육문제를 결정할 때에는 그들의 능력과 개성을 반드시 고려해야 한다.

사실 선교사 자녀들과 가족들이 직면하는 모든 문제들을 심도있게 다룬다는 것은 불가능하다. 따라서 이에 관한 보다 많은 정보를 얻기 위해서는 포일(M. Foyle)과 오도넬 형제(K.S. & M.L.

O'Donnell)가 쓴 책을 보라. (이 책 마지막에 게재한 추천 도서 목록에 있다.)

남편과 아내를 위한 개인 목록표

모든 생활 분야에서와 마찬가지로 결혼생활에 있어서도 남편과 아내의 태도와 행동을 규칙적으로 평가해야 한다. 남편과 아내는 결혼 초기에는 사랑의 기쁨을 함께 누리지만, 시간이 지남에 따라 상대방을 당연히 있어야 할 존재로 여기기 쉬우며, 서로간의 관계를 해치는 상태에 빠지기 쉽다. 따라서 아래에 제시한 목록을 정기적으로 검사하는 것이 유익하다. 남편과 아내는 각각 개인 목록표를 사적으로 솔직하게 사용해야 하며, 그러고 나서 개선이 필요한 분야와 변화시키는 방법에 관해 함께 토론해야 한다.

1. 그리스도를 만유의 주로 모시기 위해 우리 가정생활에서 어느 부분을 바꾸어야 하는가?
   - ☐ 가족 예배시간
   - ☐ 여가이용
   - ☐ 재정이용
   - ☐ 자녀에 대한 사랑과 일관적인 훈련

☐ 자녀교육

☐ 가족시간 대 사역시간의 우선순위

2. 나는 과거의 생활방식을 버리지 못한 부분이 있는가? 예를 들어 이기적 관심, 선입견, 부모로부터 받은 압박감 등.

3. 나는 아내와(남편과) 하나가 되지 못한 부분이 있는가? 예를 들어 탁월하고 독점적으로 (창 2:24).

4. 나는 아내(남편)를 사적으로 혹은 공개적으로 하찮게 여기거나 무시하는 경향이 있는가?

5. 아내(남편)에 대해 회복해야 할 사랑하는 태도와 행동은 무엇인가? (이것은 당신의 구혼 날짜를 생각나게 하도록 도움을 줄 수 있다.)

6. 나는 성서에서 규정하고 있는 남편으로서의 역할을 다하기 위해 어떻게 더욱 책임적으로 행동해야 하는가? 예를 들어 '남편이신 여러분… 아내를 사랑하십시오… 자기 아내를 사랑하는 사람은 자기를 사랑하는 것입니다'(엡 5:25-28).

7. 나는 성서에서 규정하고 있는 아내로서의 역할을 다하기 위해 어떻게 더욱 책임적으로 행동해야 하는가? 예를 들어 '아내이신 여러분 주님께 순종하는 것같이 남편에게 순종하십시오.'(엡 5:22).

8. 아내(남편)와의 대화를 개선하는 방법으로는 무엇이 있는가?

- ☐ 대화의 수준(단순히 일일 계획이 아니라 자기표현)
- ☐ 경청하기(단순히 내 순서를 기다리는 것이 아님)
- ☐ 알맞은 기회잡기(특히 불화에 관한 토론에서)
- ☐ 비판적이 아니면서 사랑하고 수용하는 태도
- ☐ 과거의 상처를 용서하고 잊어버리기

9. 내 방식을 고집하기 위해 아내(남편)를 어떻게 조종하려 드는가?

- ☐ 말을 하지 않고 뿌루퉁해 있기
- ☐ 화를 자주 내고 고함치기
- ☐ 바가지 긁기
- ☐ 눈물 작전
- ☐ 건성으로 아첨하기
- ☐ 상대방의 과거의 실패를 이용하기
- ☐ 부부간의 성생활을 거래 수단으로 이용하기
- ☐ 상대방을 응징하기 위해 성생활을 거부하기

10. 아내(남편)에게 봉사하기 위해 앞서 언급한 행동들을 어떻게 바꾸어야 하는가?

- ☐ 상대방을 비난하지 않을 뿐만 아니라 인정해 주고 느낌을 함께 나눈다.
- ☐ 차이점을 해소하려 한다.
- ☐ 먼저 용서한다.

- '미안해', '내 잘못이야'라는 말을 실천한다.
- '그러나 당신은…'이라는 말을 덧붙이지 않는다.
- 상대방의 성적 욕구를 충족시키려 한다.
- 상대방의 약점을 위해 오직 기도한다.

9
독신생활

    독신 선교사가 타문화에서 살면서 사역을 행할 경우, 언어를 배우고 현지 문화에 적응하는 데 있어 지원도 부족하고, 부부 선교사의 경우처럼 배우자의 격려도 받을 수 없기 때문에 특별한 요구가 필요하다. 그는 이방인이 된 외로움과 외톨박이 느낌을 더욱 심하게 겪는다. 그러므로 동성 선교사들과 솔직하고 의미있는 관계를 맺어야 하며, 사적인 문제들에 관해 신중하게 함께 나누고 기도할 수 있어야 한다. 친구들과 가족들의 지원을 받는 고국생활을 떠나 타문화에서 생존하기 위해서 이러한 태도는 매우 중요하다.

장점과 단점

독신 선교사는 언어를 배우고 사람들을 심방하고 그들 가운데서 사역하는 데 더 많은 시간을 할애할 수 있기 때문에 몇몇 독특한 장점들을 가질 수 있다. 또한 자녀들과 배우자를 돌보아야 하는 기혼 선교사들에 비해 성서를 연구하고 기도하는 데 더 많은 시간을 내어 집중할 수가 있다. 사도 바울은 '마음에 헛갈림이 없이 오직 주님만을 섬기기' 위해 당시 그리스도인들에게 독신생활을 권장했다 (고전 7:32-35을 보라).

독신 선교사의 단점을 생각할 경우 위에서 언급한 사실들을 합리적인 관점으로 균형있게 이해해야 한다. 기혼자이든 독신자이든, 모든 선교사는 자신의 진정한 정체성을 인간관계에서 찾기보다는 그리스도 안에서 찾아야 한다. 결혼은 예수께서 지적하셨듯이 (마 22:30), 오직 이 세상에 사는 동안에만 필요한 규정이다. 그러므로 독신 선교사는 영원을 바라보고 현재를 살아야 한다. 그러면 세상의 기준으로 인해 압박감을 받기보다는 자신의 처지에서 비롯된 혼란에 대해 당당하게 대할 수 있게 된다.

필자의 경우 독신으로 13년 동안 선교현장에서 일했다. 사역하는 동안 가장 많이 받았던 질문은 '왜 당신은 결혼하지 않습니까? 남편감을 찾기 위해 이곳에 왔습니까?'라는 것이었다. 이러한 질문은 예전에 독신 선교사에게 뭔가 잘못이 있었음을 시사한다. 사람들은 기독교의 결혼관을 이해하지 못하기 때문에 필자는 '하나님이 계획하시지 않았기 때문이에요.'라고 말함으로써 그러한 문제를 일축해 버렸는데, 오히려 그것이 회교도 친구들에게는 만족스런 답변이 되었다.

독신 여성은 많은 문화들에서 기인(奇人)으로 인식된다. 선교 현지에서 독신 여성은 과부나 이혼녀나 혹은 매춘부로 여겨질 수도 있다. 이러한 인식으로 인해 실제로 어떤 나라에서는 독신 여성 선교사를 정상인으로 받아들이지 않는 경우도 있다. 필자가 어느 마을을 심방했을 때, 그곳 아이들이 필자를 따라오면서 '매춘부(sharamut)'라고 외쳐댔다. 이러한 현상은 10년 동안이나 계속되었다.

마을 사람들은 필자의 선교구역에 거주하고 있는 기혼 남성 선교사들이 밤에 번갈아가며 모든 여인들의 집을 찾아간다고 추측했다. 이러한 생각은 바로 현지 남성들의 생활양식에서 비롯된 것이다. 즉 회교도 남성들은 네 명의 아내를 둘 수 있으며, 교대로 각 아내와 하룻밤을 지낼 수 있기 때문이다. 선교사들의 행동이 마을 사람들 사이에 '소문거리'로 나돌자, 병원과 선교사들이 사는 집 주변에서 야간경비를 서는 경비원이 나서서 선교사들의 생활양식에 대한 현지인들의 잘못된 생각을 바로잡아 주었다. 또한 독신 여성 선교사들이 자기 집에 남자를 들이지 않았다는 사실도 널리 알렸다.

독신 남성 선교사들도 역시 기인(奇人)으로 간주된다. 성적 활동이 왕성하지 못해서 자녀를 낳지 못한 남성들은 사내나 남자로 인정받지 못한다. 이러한 인식으로 인해 독신 남성 선교사는 그들 사회와 심지어 교회에서조차 지도자로서의 역할을 수행하는 데 어려움을 겪는다. 어떤 현지인들은 독신 남성 선교사에게 여자를 제공하는 것이 자신들의 의무라고 생각하며, 이때 제공되는 여인들은 관능적이고 유혹적으로 행동할 수 있다. 이러한 종류의 압박감이 독신 남성 선교사를 괴롭히며, 따라서 그는 이러한 환경에서 살아남기 위해서는 자신의 성적 욕망을 끊임없이 주님께 위탁해야 한다.

독신 선교사는 외로움과 싸워야 한다. 특히 이것은 선교현장에 처음 파송되어 사람들과 의미있는 관계를 맺기 이전에는 더욱 심각한 문제이다. 그러나 시간이 흐르고 나면 외로움은 달라지게 된다. 그는 선교 팀 회원들이나 현지인들과 우정을 쌓고 좋은 친구들을 사귀게 되며, 타문화에 살면서도 집에서 사는 것처럼 편안한 느낌을 갖게 된다. 오히려 그는 본국에 진정한 친구가 없을 정도가 된다. 그러다보면 은퇴할 때가 찾아온다. 또한 나이가 들어 연로하신 부모를 모시게 될 상황이 오면, 기꺼이 귀국하여 부모를 모시며 살게 된다.

독신 여성 선교사는 남성을 제자교육시키는 것과 같이 남성과 일대일로 만나는 상황에서 함께 시간을 보내서는 안 된다. 남성은 그녀와 관계를 가질 욕심으로 그녀를 꾀기 위해 영적 관심을 보일 수 있으며, 그녀는 외로움으로 인해 불건전한 육체관계를 맺을 수도 있다. 필자는 정서적으로 이렇게 되어 문제를 일으키고 마음의 상처를 입은 여러 명의 독신 여성 선교사들을 알고 있다. 남성이 신앙심이 없는 경우에는 특히 조심해야 한다.

또한 독신 여성 선교사는 선교 팀의 남성 회원들과의 관계를 잘 관리해야 한다. 만약 회원이 독신 남성 선교사일 경우에는 특히 중요한 문제이다. 그는 그녀가 다른 상황에서는 다시 생각해볼 겨를도 없을 정도로 매력적이고 열정적인 사람으로 비칠 수 있으며, 그녀는 외로움과 쓸 만한 남성을 찾을 수 없는 상황으로 인해 판단력이 흐려질 수도 있다. 또한 그들이 생활하며 사역하고 있는 곳의 문화는 남녀관계를 억제한다는 것도 염두에 두어야 한다. 많은 사회에서 이성 간의 우정관계는 잘 알려지지 않으며, 이성 간의 친밀한 관계는 어떤 것도 성적인 관계로 추정된다. 그러므로 독신 여성 선교사는 오랜 시간 동안 어떠한 남성과도 따로 있지 않도록 주의해야 한다.

독신 선교사를 가로막는 또 다른 잠재적인 장애물은 자기연민의 유혹에 빠지기 쉽다는 것이다. 사탄은 그로 하여금 정당한 인간관계를 누리지 못하도록 막으면서 해서는 안 될 일을 갈망하도록 유혹한다. 독신 선교사는 '만약 나에게 아내(남편)와 자녀들만 있다면!'이라는 생각에 빠져 자신이 희생되었다고 느낄 수 있다. 마음의 쓰라림이나 자기연민으로 인해 독신 선교사는 필요한 것을 해결하지 않은 채 은닉할 수도 있다. 그러나 그의 경험은 마음의 상처를 줄 수 있기 때문에, 개인적 성장을 위해서나 장차 이와 비슷한 상황이 닥칠 경우에도 잘 대처하기 위해서 그것으로부터 교훈을 얻을 필요가 있다. 만약 독신 선교사가 주변을 돌아보면 많은 기혼 선교사들 역시 외로움과 좌절감을 겪고 있는 현실을 보게 될 것이다. 독신 선교사는 자기연민에 빠지지 않는 법을 배울 수 있으며, 자신의 정해진 삶의 위치에서 만족함을 누릴 수 있다. '자족할 줄 아는 사람에게는 경건이 큰 이득을 줍니다' (딤전 6:6).

독신 선교사는 자신의 사역에 있어 소유욕이 강할 수도 있다. 그는 가족이 없기 때문에 자신의 일과 자신이 회심시킨 사람들을 독점적으로 자신에게 속한 것으로 여기며, '내 일'과 '내 회심자들'이라는 관점에서 자신의 일과 회심자들에 대해 생각하고 말할 수도 있다. 필자가 알고 있는 한 독신 여성 선교사는 집에서 휴식을 취하고 있는 동안에는 사람들이 찾아오지 못하도록 그들에게 이름이나 주소를 절대로 알려주지 않았다. 모든 선교사들은 기혼자이든 독신자이든지 간에 주님의 사역을 위해 헌신하고 있다는 사실을 염두에 두어야 한다.

만약 독신 선교사가 혼자 생활하면서 사역할 경우, 융통성이 없이 완고하게 되어 자기 방식만을 고집하게 될 수도 있다. 따라서 그에게는 나쁜 태도가 도전받고 거칠고 모난 성격이 부드럽게 되기 위해 그리스도의 몸 안에서 사람들과 좋은 관계를 맺을 수 있도록 용기를 북돋워 주어야 한다. 독신 선교사는 선교팀의 선교사 가족들과 친밀한 관계를 맺음으로써 축복과 성취감을 누릴 수 있다. '하나님은 외로운 사람에게 영원히 머무를 집을 마련해 주신다'(시 68:6). 또한 기혼 선교사들, 특히 어린 자녀를 가진 어머니들도 외로움을 겪는다. 독신 선교사와 기혼 선교사는 상호간의 발전과 풍요로움을 위해 친교와 기도를 함께 나눌 수 있어야 한다. 독신 선교사는 기혼 선교사 가족들의 사생활을 존중해야 하며, 기혼 선교사 집을 너무 자주 방문하여 지겨운 느낌을 주지 않도록 해야 한다. 또한 기혼 선교사 가족들은 독신 선교사를 무급 보모처럼 간주해서는 안 된다.

독신 여성 선교사에 대한 태도

선교현장에서 일하는 독신 여성 선교사가 독신 남성 선교사보다 그 수효가 훨씬 많다. 그러므로 선교 팀 지도자는 독신 여성 선교사의 특별한 필요충분조건들을 더욱 잘 이해할 필요가 있으며, 그들에게 더 많은 관심을 베풀어야 한다. 독신 여성 선교사는 자주 선교 팀 내부로부터의 무관심으로 인해 마음의 상처를 입는다. 이를테면 그녀는 자기와 함께 살 동료를 선택할 기회를 가지지 못하면서도, 마음이 맞지 않는 선교사와 조화롭게 살도록 요구받는 것이다. 그러나 기혼 선교사는 이런 경우에 좋든 싫든 간에 선택권은 가질 수 있다.

위에서 언급한 문제를 잘 보여주는 사례를 보자. 처음 선교사로 파송받은 한 독신 여성은 선배 독신 여성 선교사와 함께 살도록 배정되었다. 그들은 각각 다른 나라 출신들이었으며 그들의 개성이 서로 부딪쳤고 매사에 정반대의 견해를 드러냈다. 선배 선교사는 수시로 후배 선교사를 '어리석은 여자'라고 부르면서 경험이 부족하다고 관대하게 대해주지 않았다. 후배 선교사는 이러한 경험을 통해 주님으로부터 교훈을 배우려고 애쓰면서 참아냈다.

그녀는 의료검진을 받기 위해 지역본부로 갔을 때, 선교 지도자에게 자신의 어려움을 다 털어놓았다. 그러나 그 지역에는 선배와 바꿔줄 만한 선교사가 없다는 대답을 들은 채 돌아와야 했다. 예상하다시피 그녀는 완전히 사기가 꺾인 채로 휴가를 얻어 본국으로 돌아왔다. 그녀는 자신이 사랑받고 가치있는 사람이라는 격려와 확신이 필요한 상태였다.

이러한 상황은 선교 팀 지도자가 독신 여성 선교사의 특별한 필요에 대해 많은 신경을 써서 보살펴야 하는 필요성을 보여주는 예이다.

여기서 신학적 토론은 제쳐두고 한마디 언급해 보자. 많은 기독교계에서 독신 여성들을 위한 틀에 박힌 역할이 있다. 그들은 자신들의 은사를 음식을 만들거나 교회학교 교사로 봉사하거나 기도모임에 참여하는 등의 범위로 제한받는다. 그러나 이러한 물음이 제기되어야 한다. '당신은 독신 여성 선교사가 선교현장에서 설교하고 가르치며 제자교육을 시키는 등 선교사로의 충분한 책임을 수행할 수 있는 위치에 있는데도 어찌하여 그녀의 역할을 본국 교회에서와 같은 여성들의 사역에 제한하려 하는가?' 선교현장에는 그러한 사역을 감당할 만큼 남성 선교사가 충분치 않다고 말함으로써 이러한 질문은 결코 무시할 수 없게 된다. 많은 남성 사역자가 본국 교회들의 선교 팀들에서 일하는 모습을 볼 때, 남성들을 위한 선교사역에로의 부름이 있어야 한다고 결론내릴 수밖에 없다.—'주여 내가 여기 있나이다, 내 자매를 보내소서!'

선교단체들은 자연히 그들의 출신에 따라 기독교 문화의 태도를 반영한다. 선교인력의 대부분이 독신 여성들이다. 그러나 일반적으로 그들은 행정부서나 의사결정 구조에는 거의 참여하지 못하고 있는 실정이다. 어떤 남성들은 여성들과 경쟁한다는 사실에 대해 위협을 느끼며 여성들이 행정부서에서 일한다는 데 대해 불편하게 생각하는 듯하다. 다행스럽게도 상황이 점점 변해가고 있다. 어떤 선교단체들은 특별한 은사와 통찰력을 가진 여성들을 등용하고 있는데, 그것은 단체사역의 이익을 위해 매우 유익한 것이다.

한번 더 생각하고 행동하기

1. 여러분이 독신인 경우
    1) 타문화에서 살 때 가지는 장점은 무엇인가?
    2) 타문화에서 직면하게 될 잠재적인 문제들은 무엇인가?
2. 기혼인 경우, 여러분은 독신 동료 선교사들을 어떻게 도와줄 수 있는가?
3. 사역을 행할 때 독신 여성 선교사에 대한 여러분의 태도는 어떠했는가? 이 경우 바꾸어야 할 부분이 있는가?
4. 보다 많은 남성들을 선교사역에 투입시키도록 독려할 수 있는 전략은 무엇인가?

10
본교회 및 후원자들과의 관계

필자는 선교위원회에서의 사역경험을 바탕으로 선교사는 후원자 및 본교회와 직접 관계를 맺는 것이 중요하다는 생각을 갖게 되었다. 본교회에게 자신의 선교사역의 내용을 성실하게 보고하는 선교사는 일반적으로 그들의 기도와 재정적인 후원을 받게 된다. 그러나 그렇지 않은 선교사의 경우는 흔히 지원받는 것이 빈약하다. 물론 모든 선교사는 주님께 자신의 필요를 채워 달라고 간청해야 하지만, 주님께서는 보통 잘 알려진 속담처럼 너나 할 것 없이 '떠난 사람은 날로 소원해진다(out of sight, out of mind)'는 공통의 약점을 가진 인간을 통해 그 간청을 들어주신다.

다시 말해서 선교사는 본교회의 교인들에게 자신의 필요를 항상 상기시켜 주어야 한다.

기도서신

선교사에게는 시간과 에너지가 매우 중요하다. 그러므로 그는 자신을 위해 기도하고 후원해 주는 후원자들과 관계를 유지하고 지낼 수 있도록 특별한 노력을 기울여야 한다. 편지를 쓰는 일은 상당히 부담스러운 일일 수 있으나, 선교사의 최우선적인 과제가 되어야 한다. 본교회 교인들 역시 살아가느라 분주하지만, 선교사의 필요를 정기적으로 상기해야 한다.

일기를 쓰는 것은 좋은 습관이다. 기도서신을 써야 할 즈음에 일기를 들춰보면 좋은 생각을 떠올릴 수 있다. 그렇지 않으면 분주한 생활에 파묻혀 지난 주 혹은 지난 달에 일어난 일조차 잊어버리게 된다. 선교사는 기도 동역자에게 정기적으로 편지를 써야 한다. 본국에서 우편 송부 회원명부에 수록된 동역자들 각자에게 편지를 인쇄해서 우편으로 보내주는 사람이 있으면 많은 도움이 된다. 다음은 기도서신에 관한 몇 가지 제안들이다;

- 수신인의 관심을 끄는 편지를 쓰도록 노력하라. 창조적으로 써야 하며 비공식적이고 사적인 입장으로 쓰라.

- 때때로 내용과 형식을 바꾸라.
- 인간적으로 흥미있는 이야기를 쓰라. 예를 들어 그리스도를 증거한 사람들과 그들이 어떻게 그리스도를 믿게 되었는가 하는 것 등에 관하여 쓰라.
- 기도와 찬양하는 내용에 대해 답신을 쓰라.
- 자녀들에게 자신들의 활동에 대해서 쓰게 하고 그들을 위한 기도의 필요성을 말하라.
- 때때로 성구와 영적 메시지를 이용하되 완전히 설교가 되게는 하지 말라.
- 사진을 동봉하라. '한 장의 사진은 천 마디 말의 가치와 같다.'
- 사용한 외국어를 식별해주고 정의를 내려주라.
- 원주민들의 이름을 사용할 경우에는 그들을 보호하기 위해서 혹은 그들의 이름들이 수신인에게 이방적인 것으로 여겨지기 때문에 이름의 이니셜을 이용하라.
- 기도 동역자가 당신에게 편지를 쓸 경우에 피해야 할 민감한 주제들에 대하여 충고해 주라. 예를 들어 당신이 선교하는 나라의 정치문제, 종교문제 등.
- 때때로 카세트를 이용하여 선교사역과 기도의 필요에 대해 말하라. 또한 비디오도 가능하다.
- 긴급 메시지 전달을 위해 전화가 가능한 지역에서는 전화기를 이용하라.

책무

 선교사는 자신을 후원해주는 사람들에게 책임을 다해야 한다. 선교사는 걸인 같은 느낌을 가져서는 안 되며, 선교 팀의 한 회원 같은 느낌을 가져야 한다. 선교사는 선교현장으로 가고 후원자들은 그에게 재정을 공급해 준다. 이와 관련하여 사도 바울의 주장을 들어보자. '자기 비용으로 군에 복무하는 사람이 어디에 있습니까?… 우리가 여러분에게 영적인 것을 뿌렸으면 여러분에게서 물질적인 것을 거둔다고 해서 그것이 지나친 일이 되겠습니까? 다른 사람들이 여러분에게 이런 권리를 가졌거든 하물며 우리는 더욱 그러하지 않겠습니까?'(고전 9:7,11,12).
 선교사는 후원자들에게 그들이 보내준 재정을 받아서 어떻게 사용했는가를 알려주어야 한다. 그렇게 해야 그들은 선교사가 신실한 사역자이며 선한 청지기라고 확신하게 된다. 선교사는 후원자들에게 그들의 도움이 선교사역에 절대 필요하며, 그들이 선교 팀의 중요한 한 부분을 차지하고 있다는 사실을 인식시켜 주어야 한다.

본국 휴가

 선교사가 본국으로 귀국하면 그는 본교회의 목사 및 후원자들과 관계를 가질 수 있는 특별한 기회를 갖게 된다. 그는 휴식과 육체와 영혼과 정신의 재충전이 필요하겠지만, 본국에서의 과제는 단순히 긴 휴가를 즐기는 데 있지 않다! 본국으로 귀국하는 것은 단지 사역방향의 변화일 따름이다. 선교사는 기도와 재정으로 도와준 후원자들에 대해 책임을 다해야 한다. 이에 관한 한 좋은 예를 선교여행을 마치고 안디옥의 본교회로 돌아온 사도 바울에게서 찾아볼 수 있다. '그곳에 이르러서 그들은 교회 회중을 불러모으고 하나님께서 자기들과 함께 행하신 모든 일과 하나님께서 이방 사람들에게 믿음의 문을 열어 주신 것을 보고하였다'(행전 14:27).

선교사에게 있어 본국 휴가는 선교현장에서 행했던 사역에 관해 사람들과 심도있게 나누는 기회이다. 선교사는 편지로 쓰기에는 적절치 못한 문제들에 관해 얼굴을 맞대고 함께 나눌 수 있다. 또한 자신의 사적인 필요를 보다 솔직하게 드러냄으로써, 선교사 자신이 '슈퍼 성자(super saints)'라는 잘못된 인식을 깨뜨리는 데 도움을 받을 수 있다. 선교사는 '내 일', '내 회심자들'이라고 말해서는 안 되며, 세상에서의 하나님의 사역의 광대한 비전을 말하고 자신을 그리스도께서 교회를 세우는 데 사용하시는 선교 팀의 일원으로 표현해야 한다. '그러므로 심는 사람이나 물을 주는 사람은 아무것도 아니요 자라게 하시는 분은 하나님뿐이십니다'(고전 3:7).

설명을 곁들인 잘 제작된 슬라이드나 비디오 테이프나 영사기 등을 이용하여 선교현장 상황을 설명하는 것이 효과적이다.

이것들은 선교현장에 있을 동안에 준비하여야 한다. 그리고 선교 사역 초기에 타문화에서 겪었던 인상 깊었던 일들을 사진으로 찍어두거나 혹은 기록으로 남겨두는 것이 현명하다. 선교사는 선교현장에서 분주해지고 사람들과 환경에 익숙하게 되면, 타문화 사람들과 환경의 독특성이 보편적인 것이 된다는 사실을 깨닫게 될 것이다.

선교사는 복음이 현지인들의 삶에 영향을 끼친 방법에 관해 후원자들과 함께 나누어야 한다, 회심 이야기, 회심자들이 동족들에게 복음을 증거한 이야기, 독특한 문화에서 영적 전쟁을 치른 이야기, 교회의 성숙에 관한 이야기 등을 말해주어야 한다. 선교사는 자신의 사역을 후원자들과 함께 나눌 때, 주 예수를 찬양해야 하며 자신의 어떠한 성취에 대해서도 주님께 영광을 돌려야 한다.

귀국 스트레스

개인적 차원에서 선교사와 가족들은 본국으로 귀국할 때 엄청난 적응에 직면하게 된다. 선교사는 원만하게 귀국할 것을 기대하겠지만, 현실적으로는 역으로 문화충격을 경험할 것이다. 이미 말했듯이 선교사의 삶에서 일어나는 변화는 그것이 좋은 것이든, 나쁜 것이든 스트레스를 유발시킨다. 선교사가 없는 동안에 본국에서는 이미 많은 변화들이 발생했을 것이기 때문에 본국으로 귀국할 때에도 선교현장으로 갈 때처럼 많은 변화를 겪을 것이다. 또한 본국에서 자신의 관점과 생활양식을 선교현장 문화의 입장에서 받아들이게 될 것이며, 자신이 마치 이방인처럼 느껴지게 될 것이다. 결국 선교사는 이중문화의 사람이 되어 지나친 스트레스와 혼란이 없이 본국 문화와 선교현장 문화 사이를 번갈아 오갈 수 있게 된다.

　　선교사는 다른 사람들이 이해하지 못할 뒤섞인 감정을 경험하게 된다. 선교사는 끊임없이 요구받아온 선교사역에서 자유롭게 벗어나서 가족들 및 친구들과 지내는 즐거움을 누릴 것이며, 본교회의 사역에 의해 풍요롭게 될 것이다. 그러나 다른 한편으로는 선교현장 사람들과 맺은 강력한 유대관계를 상실한 데 대한 슬픔을 겪을 것이다. 그리고 여러 곳을 여행하고 교회 모임에 참석하는 일 등으로 인해 과로를 겪을 것이며, 사회의 도덕적 해이로 말미암아 실망감을 느끼게 될 것이다. 또한 많은 교회들이 마땅히 해야 할일인 세상에 대해 관심을 갖기보다는 세속주의에 물든 모습을 보고 슬퍼하게 될 것이다.

　　본교회와 선교단체들이 본국 휴가 동안 선교사와 그의 가족들에 대해 가져야 할 책임에 대해서는 다음 장에서 논의할 것이다.

한번 더 생각하고 행동하기

1. 기도 동역자들 및 후원자들과 관계를 유지하기 위한 여러분의 계획은 무엇인가?
2. 여러분이 실행할 필요가 있는 이 장에서 언급한 제안은 무엇인가?
3. 선교사의 재정후원을 위한 성서적 근거는 무엇인가? 재정적으로 의존적이 되는 데 대해 여러분은 어떤 느낌을 갖는가?
4. 본국으로 귀국할 때 직면할 수 있는 문제는 무엇인가?
5. 본교회에게 여러분의 사역내용을 보고하기 위해 지금 필요한 준비물은 무엇인가?

제2부

선교사 돌보기
― 파송교회와 선교단체들을 위한 지침

11
선교사 선발과 준비

제2부에서는 본교회와 선교단체들이 선교사 지원자를 평가하고 선발하고 준비하는 데 필요한 절차를 제안하고자 한다. 더 나아가 그들이 선교현장과 본국에서 선교사들을 더욱 효과적으로 돌보는 데 필요한 정보를 제공하고자 한다.

선교사 지원자격

선교사 지원자를 평가하는 일은 본교회와 선교단체들의 중요한 책임이다. 또한 선교사들을 합리적으로 선발하고 준비하기 위해서 본교회와 선교단체 간에 협력이 필수적으로 이루어져야 한다. 부부 지원자를 평가하는 경우, 남편과 아내 모두가 타문화에서 살면서 사역을 감당하는 데 적합한 인물들인지의 여부를 확증해야 한다. 남편의 사역만을 고려해서는 안 된다. 아내도 자신만의 사역에 헌신해야 하며, 자신의 은사가 사역에 중대한 공헌을 할 것이라는 확신을 가져야 한다. 필자는 아내들의 불만 때문에 선교현장에서 얼마 지내지 못하고 곧장 귀국해버린 선교사 부부의 경우를 알고 있다.

다음은 선교사 지원자들을 평가하는 데 반드시 고려해야 할 자격들이다.

- 시련 중에도 주님과 변함없는 관계를 맺고 있는가?
- 성서의 권위에 따라 살려고 노력하는가?
- 제2장에서 논의한 자격을 가지고 있는가?
- 다른 사람들에게 복음을 증거하고 제자교육을 시키는 일에 적극적인가?
- 무슨 영적 은사를 받았는가?
- 친구들, 가족들 그리고 교회와 사역현장에서 다른 사람들과의 관계는 어떤가?
- 한 사역에 충실해 왔는가? 아니면 자주 이동하면서 바꿔 왔는가?

- 쉽게 우울해 하거나 마음의 동요를 일으키지 않을 정도로 정서적으로 안정적인가?
- 불안이나 좌절감에 빠지지 않기 위해서 필요한 정신적 안정감을 가지고 있는가?
- 본교회 목사와 선교위원회가 지원자의 소명감을 확증할 수 있는가?

이상의 모든 질문들은 지원자의 선교사역의 적합성을 평가하는 데 고려되어야 할 것들이다. 이러한 질문들 중 몇몇에 대한 대답은 전문가들로부터 들어야 한다.

평가자료 수집

아마도 지원자의 적합성 여부를 판단하는 가장 좋은 자료는 지원자의 과거 경력일 것이다. 지원자들은 과거의 경험에 따라 새로운 도전과 적응에 응답하려 할 것이다. 그러므로 지원자에 관하여 여러 가지 자료를 수집하는 것이 필요하다.

1. **지원서** (application form) : 지원자가 기재해야 한다. 여기에는 지원자 자신과 가족의 신상, 가정 생활, 학력, 기타 훈련받은 사실에 관한 정보가 포함되어야 한다.
2. **간증기록** (written testimony) : 지원자의 회심, 기독교적 성

장, 기도양식, 성서연구, 복음증거와 사역 등, 선교사역에 필수적인 사항들을 수록해야 한다.

3. **심사위원의 평가**(referees' assessments) : 심사위원은 지원자의 목사와 고용주를 포함하여 지원자가 지명한 사람들로 구성되어야 한다. 심사위원들의 평가는 지원자의 성격, 기독교적 증거, 다른 사람들과의 관계, 다른 사람들과의 협동정신, 권위에 대한 태도, 그리고 사역에 있어서의 능력과 적성 등에 관해 솔직하고 객관적인 답변을 장려해야 한다.

4. **의료 및 심리평가**(medical and psychological assessments) : 의료평가와 심리평가는 선교현장의 조건들과 더불어 전문가들에 의해 이루어져야 한다. 지원자의 건강, 정신적 및 정서적 안정감 그리고 인격적 성숙도가 타문화에서의 생활에서 겪게 될 스트레스를 대처하는 데 문제는 없는가?

5. **교리적 입장 진술**(written doctrinal statement) : 교리적 입장에 관한 진술은 신학자가 검토해야 한다. 지원자는 교회와 선교단체가 견지하는 기독교 교리에 대해 자신이 얼마만큼 이해하고 헌신적인가를 수록해야 한다.

6. **서명 진술**(signed statement) : 지원자는 교회와 선교단체의 정책과 관습을 준수하겠다는 동의서에 서명해야 한다.

예비 인터뷰

교회/선교위원회의 몇몇 위원들이 지원자를 인터뷰해야 한다. 인터뷰할 때 그들은 지원서, 간증기록, 심사위원 평가서를 휴대해야 한다. 인터뷰를 통해 지원자의 사생활과 민감한 문제들, 예컨대 가족배경, 어린 시절에 겪었던 정신적 쇼크, 성 문제, 결혼관계 등과 같은 문제들을 심도있게 조사해야 한다. 이러한 조사를 통해 지원자가 상담을 필요로 하는지 혹은 지원을 포기해야 하는지를 결정할 수도 있다. 위원들은 지원자에 관해 다음 단계로 넘겨서 논의해야 할지의 여부에 대해 기도하는 마음으로 결정해야 하며, 일단 결정한 후에는 지원자에게 결정내용을 통보해 주어야 한다.

최종 인터뷰

앞에서 언급한 1번부터 6번까지의 모든 자료가 입수되고 예비 인터뷰를 만족하게 마치게 되면, 최종 인터뷰를 준비해야 한다. 파송교회는 선교사 생활과 사역의 조건에 관해 정통한 선교위원회가 조직되어 있지 않을 수도 있다. 이럴 경우 파송교회는 다른 선교단체의 전문성을 가진 유능한 사람을 위원회 위원으로 위촉해야 한다. 그 사람은 위원회가 지원자를 평가하고 선발하는 데 도움이 되는 지침을 줄 수 있다.

위원들 중 인터뷰 기술이 부족한 위원들이 있을 수 있으며, 이런 경우에는 새로운 위원들로 대치해야 한다. 그러므로 인터뷰 형식을 만드는 것이 도움이 될 것이다. 인터뷰 절차를 정해 놓으면, 그에 따라 시간을 잘 활용할 수 있으며, 인터뷰하는 동안 모든 중요한 분야들을 빠뜨리지 않고 조사할 수가 있다. 또한 모든 인터뷰 위원들이 빠짐없이 참여할 수가 있다. 모든 위원들이 선교사 생활에 정통하지는 않기 때문에 제2장의 '선교사 생활의 특별한 스트레스' 내용을 검토하는 것이 도움이 될 것이다.

인터뷰를 시작하기 전에 의장은 모든 위원에게 이미 수집한 자료들을 통해 얻은 정보를 완전히 숙지하도록 지시해야 한다. 그렇게 해야 인터뷰를 진행하는 동안 어느 분야를 더 조사할 필요가 있는지 알게 될 것이다. 위원들은 서두에 열거한 지원자격에 관한 질문들을 염두에 두고 인터뷰를 진행해야 한다.

의장은 지원자를 인터뷰 위원회에 초청하여 모든 위원에게 소개해야 한다. 위원들은 지원자가 편안한 마음을 갖고 어떤 판단이나 비판의 두려움을 갖지 않은 채, 자유롭게 의견을 나눌 수 있도록 격려해 주어야 한다. 그리고 나서 의장은 인터뷰의 목적을 말해야 한다. 즉 지원자가 타문화에서 생활하며 사역하기에 적합한지의 여부를 분별하는 것이 인터뷰의 목적이다.

질문하기

비록 위원들이 기록된 자료를 가지고 있을지라도 만약 지원자가 자신의 회심, 기독교적 삶, 관계, 태도 등에 관한 요점들을 구두로 진술하면, 인터뷰는 보다 강도 높게 진행될 것이다. 이 경우 지원자에 관한 더 많은 정보를 위해서 위원들은 질문을 던져야 한다. 예를 들면 위원들은 지원자의 입장에서 잘 답변할 수 있도록 심도깊은 자기인식과 자기계시에 대해서 질문해야 한다. 단순히 '예', '아니오'라고 답변할 수 있는 질문은 피해야 하는데, 그 이유는 이러한 질문은 지원자의 생각을 적절하게 끄집어내지 못하기 때문이다. 다음과 같은 질문들을 사용하는 것이 바람직할 것이다.

'…관해 어떻게 느끼십니까?'
'…관해 어떻게 생각하십니까?'
'만약 …일 경우 무슨 일이 발생할 것이라고 생각하십니까?'
'우리와 함께 …을 나누시겠습니까?
'…에 대해 어떻게 설명하시겠습니까?'

위원회는 올바른 질문을 해야 하는 책임뿐만 아니라, 지원자의 대답을 바르게 해석할 책임도 있다. 위원회를 고의적으로 속이려는 지원자는 거의 없을 것이다. 그러나 간혹 위원들을 기쁘게 하고 인터뷰에서 통과되기 위해 무의식적으로 정당한 것을 말하려는 욕구를 드러내는 지원자가 있을 수 있다. 그러므로 위원들은 지원자의 답변을 주의깊게 듣고 그의 진정한 동기와 응답이 무엇인지를 제대로 분별해야 한다.

지원자의 답변내용과 답변방식을 통해 위원들은 지원자의 의사소통 능력, 자신의 생각 표현능력 그리고 이론적인 문제들을 해결하는 능력을 분별할 수 있어야 한다. 또한 지원자가 어떤 상황에서 잘 취하는 태도와 반응도 명백하게 분별해 두어야 한다. 위원회는 교회/선교단체에게 추천할지의 여부를 결정하기 위해 인터뷰를 통해 지원자에 관한 충분한 정보를 확보해야 한다.

인터뷰가 끝날 즈음, 의장은 지원자를 초청해서 혹시 의문나는 사항이나 질문이 있는지를 말하게 하는 것이 바람직하다. 위원회가 답변할 수 없는 질문을 제기할 경우, 답변할 수 있는 적합한 사람을 찾아서 답변하게 한다. 그리고 나서 위원들은 주님께서 지원자를 보살펴 달라고 기도해야 한다. 그리고 지원자에게 인터뷰 결과와 다음에 취할 단계에 관해 통보해줄 것을 약속해야 한다.

추가훈련

위원회는 지원자의 성서지식과 신학지식 정도에 따라 그에게 성서대학 코스에 등록하도록 권고할 수가 있다. 또한 복음전도, 제자교육, 교회개척을 위해서 보다 많은 경험이 요구될 수도 있다. 그리고 문화인류학, 타문화 의사소통, 문화적응, 언어학, 복음의 상황화, 현지 종교와 같은 주제들에 관해 더 심도있는 교육훈련을 받도록 권면하는 것이 좋다.

파송교회는 자기 교회의 선교사 지원자가 빈틈없이 준비하도록 희생적으로 도와주어야 한다. 여기에는 재정후원과 위에서 열거한 주제들에 관해 지역 센터에서 진행하는 추가훈련이 포함된다.

선교사는 자신이 타문화 사람들에게 교회를 대표하는 대표자라는 사실을 기억해야 한다. 만약 빈틈없이 준비하지 못할 경우에는 복음증거를 효과적으로 수행할 수가 없다.

파송교회는 '**자비량 선교사** (tent maker)'의 필요와 잠재적 사역을 이해해야 한다. 그는 타문화에서 자신의 생계를 스스로 유지하면서 사역하는 그리스도인이다. 일반적인 선교사역이 금지된 나라에서는 자비량 선교사가 유일한 선교방식 수단이 될 수가 있다. 비록 재정적 후원을 필요로 하지는 않지만, 자비량 선교사의 생존과 효과적인 사역을 위해 본교회의 기도와 격려는 필수적이다. 오직 설교하는 사람만이 진정한 선교사라는 구태의연한 생각은 오늘날에는 더 이상 의미가 없다.

해외에서 일반 직업을 가지고 일하거나 구제사업에 종사하면서 주변에 있는 사람들의 영적 번영과 행복을 위해 관심을 베푸는 그리스도인은 모두 그리스도의 대사이다. 본교회는 그러한 그리스도인이 자신이 몸담고 있는 환경에서 영적 사역과 전쟁을 잘 치룰 수 있도록 준비하는 것을 도와주어야 한다.

위임예배와 파송

선교사가 선교현장으로 떠날 준비를 마치고, 교회가 그를 위해 기도와 후원과 격려의 책무를 완료하고 나면, 특별한 위임예배를 드려야 한다. 이 예배는 본교회와 선교단체가 공동으로 준비해야 한다. 이 예배는 선교사와 가족을 위한 격려의 말씀, 장로들의 안수, 선교사역을 위한 기도 등으로 진행되어야 한다. 이 예배는 선교사와 교인들 모두에게 의미있는 시간으로서 주님 앞과 서로에게 자신들의 헌신과 책임을 상기시켜 주는 기회가 되어야 한다.

선교사 가족이 선교현장으로 떠날 즈음, 교회가 그들을 위해 도와줄 수 있는 실제적인 일들이 많이 있다. 예를 들어 주택문제, 식사, 자동차, 재정후원, 이삿짐 선적, 항공편 안내, 공항까지의 교통문제 등은 선교사 및 이와 관련된 확대 가족들과 함께 충분히 논의되어야 한다.

교인들과 선교단체 회원들이 공항에서 선교사를 환송해 준다면, 그에게는 더 없는 격려가 될 것이며, 또한 본국에 남아 있는 확대 가족들에게는 선교사가 잘 보호받고 있다는 사실을 알게 하도록 도움을 줄 것이다. 회원들 중 누군가가 선교사와 가족을 주님께 위탁하는 기도를 드려야 하며, 그러고 나서 함께 찬송을 부른다. 이러한 모든 의식은 선교사와 가족을 위한 사랑의 보살핌을 증명하는 것이며, 선교사는 이를 통해 크나큰 격려와 귀중한 기억을 마음속에 간직하게 될 것이다. 이러한 의식은 그리스도와 하나님 나라의 확장을 위하여 사랑하는 사람들 곁을 떠나기 때문에 선교사에게는 매우 중요할 것이라고 생각된다.

한번 더 생각하고 행동하기

제1장에 수록된 선교사 지원자의 편지를 다시 살펴보라. 여러분의 교회가 폴과 같은 지원자를 어떻게 취급할지를 생각해 보라. 여러분의 교회와 목사는 선교를 최우선적인 과제로 인식하고 있는가, 아니면 소수의 선교사들만이 관심을 가지는, 단지 선택적인 분야로 인식하고 있는가? 여러분의 교회는 선교사 지원자를 선발하고 준비하는 것을 돕도록 조직되어 있는가? 이러한 주제들과 다음의 질문들에 관해 교회 목사와 교인들은 신중하게 고찰해야 한다.

1. 여러분은 현재 여러분의 교회 교인들 중에서 선교사를 양육시켜 달라고 주께 기도하고 있는가?
2. 교인들은 기도하고 선교를 지원함으로써, '위대한 사명(Great Commission', 마 8:19,20)을 완수해야 하는 책임을 받아들이는가?
3. 여러분의 교회에는 활발하게 활동하는 선교위원회가 조직되어 있는가? 그렇지 않다면 그것을 위해 취해야 할 행동은 무엇인가?
4. 여러분의 교회에서 선교사를 후원하는 강력한 기도모임이 있는가?
5. 여러분의 교회는 선교사를 후원하는 예산을 수립해 놓았는가? 만약 그렇지 않다면 후원하기 위해 어떤 조치를 해야 하는가?
6. 여러분의 교회는 선교사를 재정적으로 후원할 뿐만 아니라, 추가훈련을 시킬 준비를 갖추었는가?
7. 여러분의 교회는 선교사 지원자를 파송할 수 있는 선교단체와 관계를 맺고 있는가? 만약 그렇지 않다면 그를 선교현장에 파송하고 지원하기 위해 어떤 계획을 가지고 있는가?

12

선교현장에서 선교사 돌보기

본교회와 선교단체의 역할

본교회와 목사는 선교사의 사역을 통제하는 것이 아니라 지원하는 역할을 수행해야 한다. 관련있는 모든 사람이 이해하고 존중심을 가지는 일련의 명령이 선교현장에서 사역하는 선교사를 위해 필요하다. 선교사는 본교회의 지원자 그룹에 대해 책임을 다해야 하지만, 선교현장에서의 사역에 관한 결정은 현지에서 함께 사역하는 선교 팀 회원들이 내려야 한다. 현장사역에 영향을 끼치는 많은 요인들은 끊임없이 변한다. 그러므로 이러한 변화를 다루기 위해 현장상황과 문화에 정통한 사람이 필요하다.

　　선교사가 이미 정착된 선교단체와 함께 혹은 그 안에서 일하는 것은 명백한 이점이 있다. 그러한 주제들은 이미 제2장에서 논의되었지만, 여기서 다시 논의할 만한 가치가 있다고 생각된다. 선교단체는 각 선교사의 독특한 사역을 위해서 언어훈련과 오리엔테이션을 위한 구조를 마련할 수 있으며, 현지 당국과의 관계, 비자획득, 사역허가 획득, 현지에서의 교통수단 마련, 외딴 지역에서 사는 선교사를 위한 생필품 구입 등과 관련한 경험을 발전시킬 수 있다. 그리고 자체 회원들을 위한 의료 및 치과 치료와 자녀들을 위한 교육시설을 제공할 수 있다.

　　파송교회와 선교단체 간에 경쟁심이 있어서는 안 된다. 그들은 각자 그리스도의 명령에 순종하면서 경쟁적이 아니라, 상호보완적인 역할을 완수해야 한다. 교회가 선교사를 파송하고 지원하는 몸체라면, 선교단체는 특별한 전문성을 가지고 선교사가 타문화에서 생활하며 사역을 행할 수 있도록 연결해주는 채널이다. 다음은 이러한 문제의 중요성을 보여주는 예이다.

　　한 선교사 부부가 개체교회의 파송을 받아 선교현장으로 갔다. 그들은 자신들이 사역하도록 소명받은 나라라고 생각했던 곳에서 사역하고 있는 큰 선교단체에 의해 평가받고 인정받았다. 그 선교단체는 그들에게 성서대학 훈련을 받도록 추천하고는 호주로 보냈다. 그들이 훈련을 마치자, 그 선교단체는 선교현장과 접촉하여 원주민 교회에게 그들이 그곳에서 사역하도록 그들을 초청하는 편지를 보내달라고 요청했다. 이것은 교회사역이 토착화되는 많은 나라에서 진행되는 필요한 절차이다. 정부 당국은 외국에서 온 국민들에게 입국비자를 발급해 주기 위해 이러한 편지를 요구한다.

그리하여 선교사 부부는 본교회 목사에게 비자를 기다리고 있다는 내용의 편지를 썼다. 그러자 목사는 지체없이 선교현장으로 들어가라고 지시하는 내용의 답신을 보내왔다. 그는 그들이 성서대학 훈련을 받았던 호주에서 단순히 시간을 낭비하고 있는 것처럼 생각했던 것이다. 그는 그들이 곧장 선교현장으로 가야 한다고 생각했다. 선교사 부부는 본교회 목사와 본교회가 자기들을 후원하고 있기 때문에 목사의 지시에 따라야 한다고 생각했다. 그리하여 그들은 선교단체의 충고를 무시하고 호주를 떠났고, 입국비자와 원주민 교회의 승인서도 없이 선교현장에 도착하였다. 그 결과, 혼란과 문제만이 야기되었고, 이에 관계된 모든 사람을 당혹스럽게 만들었다.

파송교회가 직면하는 또 다른 문제는 파송한 선교사에게 '성공 실화(success stories)'를 요구하는 압력을 가한다는 점이다. 필자는 일정 기간 동안에 극적인 결과를 이루지 못한다는 이유로 파송교회로부터 후원을 중단당한 선교사들을 알고 있다. 이러한 경우에는 예수의 칭찬의 말씀을 염두에 두어야 한다. '착하고 신실한 종아 잘했다'(마 25:23). 예수께서는 '성공한 종'이라고 말씀하시지 않았으며, 세상의 기준으로 성공을 평가하지도 않으셨다.

목회자와 전문가 파송

만약 본교회와 담임목사가 파송한 선교사로부터 보다 활동적인 역할을 원할 경우에 선교현장을 방문하도록 목회자나 선교위원회 위원을 파송할 수도 있다. 그러한 방식을 통해 그들은 선교사의 사역과 필요한 것, 타문화에서 교회를 개척하는 데 따르는 문제 등에 관하여 보다 깊은 통찰을 얻게 될 것이다. 선교현장을 방문하고 귀국한 후, 그들은 자신들이 얻은 통찰을 교인들과 함께 나누어야 한다. 그러면 온 교회가 파송한 선교사를 위해 기도하고 후원하기 위해 보다 더 잘 준비하게 될 것이다.

의사소통, 갈등해소, 상담, 경영기술 등과 같이 선교사와 관계있는 주제들에 관한 세미나를 개최하기 위하여 전문가들이 선교현장을 방문하는 것은 언제나 환영할 만한 일이다. 또한 탈진한 선교사들의 영적 갱신과 그들을 격려하기 위하여 목회자들이 방문하여 영적 삶 세미나를 개최하는 것도 역시 환영받을 만한 일이다. 파송교회와 선교단체는 이러한 유형의 사역을 위해 선교현장으로 파송하는 선교 팀 자원을 결합시켜야 한다.

부족한 것이 많고 건강보호가 제한되어 있는 지역에 의료팀을 파송하면 많은 공헌을 할 수 있다. 예를 들어 한 안과 전문의가 필자가 사역하고 있던 병원을 방문했다. 그는 잘 훈련받은 간호사와 함께 필요한 의료도구를 챙겨왔다. 그들은 보수를 받고 일한 것이 아니라 자원봉사자로 일했으며, 사람들이 그들의 치료를 받고 시력을 회복한 것이 그들에게는 큰 기쁨이 되었다.

개발도상 국가의 경우 또 다른 분야의 전문가들, 예를 들어 건축가, 배관공, 전기기술자, 자동차 기술자, 농업 전문가 등이 선교현장을 방문하면 유익할 수 있다. 이러한 사역들은 많은 선교현장에서 절실하게 요구되는 것이다.

선교현장에서의 목회적 돌봄

선교사의 사생활을 돌보는 것도 선교사역의 중요한 분야이다. 이것은 초기 현장 사역기간 동안 선교사의 복지와 행복을 위해 특히 중요하다. 신참 선교사에게는 초기 적응기간 동안 개인적으로 그를 '목자'처럼 이끌어줄 선배 사역자들이 필요하다. 선배 선교사는 신참 선교사에게 현지 문화와 언어를 배우는 문제에 관해 충고해줄 수 있으며, 초기 현장 적응기간 동안에 받게 될 스트레스와 싸울 때 상담과 격려를 통해 자리잡을 때까지 도움을 줄 수도 있다. 선배 선교사는 또한 신참 선교사에게 역할 모델로 봉사할 수 있다. 그러므로 선배 선교사가 경건한 태도와 동료 사역자들, 원주민들, 교회 지도자들과 좋은 관계를 맺는 모습을 보여주는 것은 매우 중요하다. 본교회 교인들과 목회자들은 파송한 선교사에게 선배 선교사의 목자와 같은 충고에 주의를 기울이고 권위에 대해 공정한 태도를 발전시키도록 편지를 통해 격려할 수 있다.

　　선교사는 또한 목회적 돌봄과 상담이 필요하다. 동료 사역자들은 너무 분주해서 깊이있는 상담을 해줄 수 없을지도 모른다. 그러므로 각 선교현장에는 선교사의 압박감을 이해하면서 목회적 돌봄과 상담을 담당하는 전문가가 의무적으로 배치되어야 한다. 본교회가 이러한 전문가를 배치할 수도 있다. 일단의 교회들은 선교단체와 협력하여 선교현장을 장기간 방문하도록 적합한 목회자나 상담자를 선발하고 소요되는 재정을 마련할 수 있다. 선교현장을 방문한 목회자나 상담자는 선교사의 신뢰를 얻기 위해 시간이 허락하는 대로 수개월 동안 봉사할 필요가 있다. 선교사 상담에 관한 보다 자세한 내용은 다음 장에서 다룰 것이다.

　　파송교회 교인들은 생일 같은 특별한 날에 사적 편지와 카드를 보냄으로써, 선교사에게 용기를 북돋워줄 수 있다. 이러한 사적 관심은 외로움과 고립감을 느끼고 있는 선교사에게는 대단한 대우로 여겨진다. 예배 실황과 설교를 담은 카세트 테이프와 성서주석 등을 보내주면, 스스로 성서를 연구해야 하는 처지에 있는 선교사는 정말로 큰 힘을 얻을 수 있다. 필자의 경우 현장사역에 종사하고 있을 당시, 훌륭한 영적 교육자료를 담은 카세트를 감사하는 마음으로 받아서 예배에 사용했다. 어떤 회교도 지역에는 국외로 추방된 사람들이 예배드리고 친교를 나눌 수 있는 교회가 없다. 따라서 오직 가정에서만 예배를 드렸으며, 선교 팀 회원들이 돌아가면서 메시지를 전했다. 우리 모두는 초대 설교자나 설교 테이프 등을 통해 매우 감동적인 성서교육을 받는 축복을 누렸다.

한번 더 생각하고 행동하기

1. 만약 여러분의 교회가 파송한 선교사가 앞에서 사례 이야기에 나오는 선교사 부부와 비슷한 상황에 놓여 있다면, 여러분은 그들에게 어떤 충고를 해주겠는가?
2. 여러분의 교회는 선교현장에서 사역하고 있는 평판 좋은 선교단체와 관계를 맺고 있으며, 파송한 선교사를 그들과 관계맺게 해줄 수 있는가?
3. 여러분의 교회 예배 시에 파송한 선교사에 관한 최신 정보를 정기적으로 공지하기 위하여 무슨 행동을 취해야 하는가?
4. 여러분의 교회 교인들이 선교현장에 파송되어 사역하고 있는 선교사에게 어느 정도의 목회적 돌봄을 베풀고 있는지 고찰해 보라.
5. 교인들이 파송 선교사에게 편지를 통해 용기를 북돋워 주기 위해 취해야 할 조치는 무엇인가?
6. 여러분의 교회 교인들 중 선교현장에서 직원도 없이 과로에 지쳐 있는 선교사를 방문하여 도움을 베풀 수 있는 기술을 가진 전문가나 사업가가 있는가?

13

본국에서 선교사 돌보기

실질적 필요를 위한 준비

선교사가 본국으로 귀국할 때, 본교회와 선교단체가 그에 대해 취해야 할 책임은 무엇인가? 선교사의 본국 생활 적응과정을 더욱 잘 이해하기 위해 10장에서 논의한 주제들을 다시 고찰하는 것이 바람직할 것이다. 선교사의 귀국을 위해 미리부터 빈틈없이 준비해야 한다. 이때 본교회와 선교단체의 협력은 필수적이다. 두 단체 모두 자신들의 진보를 위해서가 아니라 선교사의 복지와 행복을 위해 노력해야 한다. 물론 계획은 선교사 자신이 세우지만 주변 관계자들이 모든 프로그램을 조정할 필요가 있다. 또한 이 경우에 선교사의 친척들도 고려되어야 한다.

이에 관련하여 모든 관계자가 생각하고 제기할 필요가 있는 문제들은 다음과 같은 것이다.

- 공항 영접은 누가 할 것인가?
- 도착 즉시 숙식문제는 어디에서 해결할 것인가?
- 초기 휴가와 휴식은 어떠한가?
- 거처는 어디에 정할 것인가?
- 휴가기간 동안 교통편은 누가 제공할 것인가?
- 필요한 재정은 어떻게 마련할 것인가?
- 본교회와의 모임 스케줄은 어떤가?
- 자녀들은 어느 학교에 입학시킬 것이며 교육비는 어떻게 마련할 것인가?
- 미래 사역을 위해 필요한 추가훈련 부분은 무엇인가?

본교회와 선교단체가 이상과 같은 문제들을 다루는 데 도움을 주는 가장 좋은 자료는 안네 타운센드 박사(Dr Anne Townsend)의 『당신의 현장 선교사를 사랑하라』(Love Your Local Missionary)라는 책이다. 저자는 이 책의 '본국에서의 선교사(Missionary at Home)'라는 장에서 교회가 선교사의 본국 적응을 돕는 많은 실제적인 방법들을 제안하고 있다. 저자는 선교사의 사적 필요에 대해 신경써야 할 필요성을 강조한다.

그러나 귀국한 선교사가 자신의 필요에 따라 하나님과 새롭게 만날 수 있도록 기도와 영적 갱신을 위한 시간과 공간을 가질 수 있도록 해주어야 한다. 그는 선교현장에서 영적 전쟁을 치르느라 피곤에 지쳐 있고 상처를 입었을 수도 있으며, 좌절에 빠져 완전히 포기상태에 있을 수도 있다; 영적 전쟁으로 인하여 직면한 희생은 보상할 수 있는 범위를 초월한 것일 수 있다; 혹은 자신의 모든 존재 차원에서 매우 심하게 탈진상태에 빠질 수도 있다. 그에게 갱신의 기회를 주어야만 한다.[8]

필자는 자신의 선교사역에서뿐만 아니라 가정생활에서조차 심각한 문제를 갖고 있던 한 선교사 부부와 대화를 나누게 되었다. 그들이 직면한 문제는 비록 초기단계였지만, 단순히 상담가와 몇 차례 상담하는 것으로 해결될 수 있는 것이 아니었다. 다행히 주님께서 역사하셔서 그들이 사역하던 개체교회의 따뜻한 지원과 친교를 통해 문제를 해결할 수 있었다. 그들은 주변 사람들이 사랑으로 감싸주고 개인적으로 격려해주는 것이 자신들의 문제를 해결하는 데 필요하다는 사실을 깨달았다. 그들이 그리스도

---

8) 마틴 골드스미스(Martin Goldsmith) 편. 영국 : STL & MARC, 1984, p. 49.

안에서 나누는 이러한 친교가 자신들에게 무슨 의미를 주었는가에 대해 말했을 때, 필자는 마음속으로 이렇게 외쳤다. '오 주님, 영광의 상처를 입은 많은 선교사들을 위해 이 교회처럼 돌보아줄 더 많은 교회들이 생겨나게 하옵소서!'

목회적 돌봄과 목적

타운센드 박사(Dr Townsend)는 목회자들에게 이렇게 말하고 있다.

선교사는 너무나 영적이고 완전하기 때문에 일반 교인들이 보통 필요로 하는 목회적 돌봄을 필요로 하지 않는다고 절대로 생각하지 마십시오. 만약 그렇게 생각하면 그것은 자신을 속이는 것입니다! 선교사는 일반 교인과 마찬가지로 장점과 단점을 모두 가지고 있으며 영적 궁핍함을 겪기도 합니다![9]

선교사가 겪는 스트레스들을 고려할 때, 선교현장에서뿐만 아니라 본국에서도 특별한 돌봄을 베풀어야 한다. 파송교회와 선교단체는 선교사에게 필요한 것이 무엇인지를 깨달아 알아야 한다. 선교사를 위한 목회적 돌봄과 상담의 목적은 그에게 용기를

---

9) 앞의 책, p. 51.

북돋워 주고 그가 겪은 어려움을 통해 더욱 성장하도록 돕기 위한 것이다. '서로 마음을 써서 사랑과 선한 일을 하도록 격려합시다… 서로 격려합시다…'(히 10:24,25). 필자의 졸저인 『선교사를 위한 격려와 성장』(Personal Encouragement and Growth for Every Missionary)이 이에 관해서 도움을 줄 수 있을 것이다.

선교사도 보통 사람이기에 사적인 실패에 영향을 받을 수밖에 없다. 전업으로 기독교 사역을 행하는 사람은 옛 생각과 생활 방식으로부터 벗어나게 된다는 가정은 잘못된 것이며, 오히려 사역으로 인한 스트레스와 사탄의 공격으로 말미암아 사적인 갈등과 몸부림이 더 심해지게 된다. 또한 보통 사람들과 마찬가지로 선교사도 교만심과 마음의 허위에 빠지기 쉽다. 자신의 문제와는 별도로 실패로 인해 좌절감을 겪는 많은 교인을 권면하고 상담을 통해 돌보아야 하기 때문이다. 죄사함을 받고 주님 및 다른 사람들과의 관계를 회복하는 유일한 방법은 죄의 본성을 고백하는 것이다. "…우리도 갖가지 짐과 얽매는 죄를 벗어 버리고 우리 앞에 놓인 달음질을 참으면서 달려갑시다. 믿음의 창시자요 완성자이신 예수를 바라봅시다…"(히 12:1,2).

선교사를 위한 목회적 돌봄과 상담의 목적은 다음과 같은 것들이 있다:

• 그리스도 안에서 교훈을 깨닫고 성숙하는 데 자신의 경험을 이용하도록 돕기 위하여

- 곤경에 잘 대처하도록 격려하고 확신을 주기 위하여
- 기독교적 삶과 사역에서 보다 효과적일 수 있도록 내적 갈등을 해결하는 돕기 위하여
- 잘못된 태도와 행동을 드러내는 사람들을 사랑으로 대하며 그들이 변화하도록 돕기 위하여
- 미래를 위하여 동료 사역자들, 현지인들, 선교 팀 지도자들과의 관계를 강화하기 위하여
- 마음의 상처를 입은 사람이 속히 온전하게 회복하도록 돕기 위하여
- 본국 휴가 동안 즐겁게 의미있는 시간을 가지며 본교회 및 후원자들과의 관계유지를 강화하도록 돕기 위하여
- 긍정적인 전망을 갖고 선교현장으로 돌아가도록 준비시키기 위하여

상담과 선교보고서 관리 프로그램

여기서 제시하는 상담과 선교보고서 관리 프로그램은 이러한 유형의 목회적 돌봄을 행하는 단체들을 위한 모델이 된다. 이 프로그램은 필자의 졸저, 『선교사를 위한 격려와 성장』(Personal Encouraement and Growth for Every Missionary)에서 처음으로 제시되었다. 10년 동안 필자는 호주 SIM 훈련과정에서 모든 선교사들의 본국

과제에 관하여 이 프로그램을 이용했다. 또한 열 개에 이르는 선교단체들이 이 프로그램을 이용했으며, 모두 92명의 선교사들이 이 프로그램에 참여하였다. 선교사 생활의 스트레스를 경험한 사람이라면 아마도 풀리지 않은 문제들을 경험했을 것이다. 그러므로 필자는 단순히 어떤 특별한 문제에 대해 상담을 필요로 하는 선교사들만을 위한 것이 아니라, 모든 선교사들을 위하여 이 프로그램을 만들었다. 대부분의 선교단체들은 선교사들의 본국 휴가기간 동안 그들에게 의료검진과 치료를 베풀 인적 자원이 필요하다. 이러한 방식으로 선교사의 정신적, 정서적 상태에 대한 평가와 돌봄이 모든 선교사에게 적용되어야 한다.

    선교단체가 선교보고서 관리 프로그램을 이용할 경우, 보통 사역에 한정하며 사적인 문제들은 취급하지 않는다. 아마도 모든 선교사는 예외없이 반드시 조사하고 해결해야 할 마음의 상처나 좌절감이나 갈등을 경험했을 것이다. 선교사 부부를 위한 선교보고서 관리 프로그램은 남편과 아내의 경험과 노고를 동등하게 다루어야 한다. 많은 선교사가 자신들의 내적 스트레스들을 선교현장에서 본국으로, 본국에서 선교현장으로 가지고 다니는데, 그 이유는 단순히 아무도 자신들이 경험한 스트레스들에 대해 함께 나누고 돌보아 주지 않기 때문이다. 필자 역시 선교사역 기간 동안 이와 똑같은 경험을 했기에 선교사를 위한 상담의 필요성을 깨닫게 되었다.

    상담 프로그램의 기초는 생활과 사역의 다양한 측면들에게 성서원리를 적용시키는 직접적이고 성서적인 상담이다. 상담의 목적은 모든 선교사가 삶 가운데서 겪은 다양한 경험들과 문제들을 해결할 때, 용기를 북돋워 주고 그리스도 안에서 성숙하도록 돕기 위한 것이다. 여기서 강조되어야 할 점은 이 프로그램에는 모든 선교사가 포함되어야 한다는 것이다. 그 이유는 아무도 자신이 '문제아'라는 느낌을 갖지 않도록 하기 위한 것이며, 그렇게 함으로써 상담은 오직 심각한 문제에 직면한 자만이 받아야 한다는 생각을 바로잡게 될 수 있는 것이다.

현장 경험들에 대한 사적인 평가(Personal Evaluation of Field Experience : P.E.F.E) 양식은 선교사 생활의 모든 주요 분야를 다룬다. 이에 따라 진행하는 방식은 이렇다. 먼저 해당되는 선교사에게 이 평가서와 설명서를 보내서 기도하는 자세로 솔직하게 답변해 달라고 요구한다. 각 분야는 1부터 10등급으로 구분되어 있으며, 선교사가 대처하는 정도에 따라 표시해야 한다. 그리고 나서 상담자와 상담에 들어간다. 이 평가서는 선교사의 경험을 가장 잘 드러내기 때문에 상담하는 동안 중요한 자료로 사용된다. 선교단체들이 회원들을 상담하고 선교 보고서 관리 프로그램을 시행하려고 할 경우에도 이 평가서를 사용하면 도움이 된다.

상담자는 선교사의 심리적, 정서적 상태에 관한 전체 관찰 보고서를 해당 교회나 선교단체에게 보내야 하며, 여기에는 이에 따르는 돌봄을 위한 추천의 말도 덧붙여야 한다. 이것은 선교사의 본국 휴가 기간 동안의 계획, 교회들과의 모임을 위해서, 그리고 다시 선교현장으로 복귀하는 데 필요하다. 상담자는 목회자나 심리학자나 전문 상담가 중에서 선교사 생활을 어느 정도 이해하는 사람을 우선적으로 위촉한다. 혹은 이러한 분야에서 은퇴한 사람도 많은 도움을 줄 수 있는데, 그 이유는 그는 평생 동안 경험을 쌓아왔을 뿐만 아니라, 상대적으로 다른 일에 매여 있지 않기 때문이다. 그러나 불행하게도 선교사역은 증가하고 있는 반면, 이러한 사람은 찾기가 매우 어렵다. 교회들과 선교단체들은 상담 프로그램을 위한 자원, 즉 재정과 자격을 갖춘 인적 자원 등을 찾기 위해 다른 단체들과 연대할 필요가 있다. 선교사를 위탁할 수 있는 지역 센터를 설립할 수도 있다.

상담자는 교리적, 윤리적으로 교회와 선교단체가 수용할 수 있는 범위 내에서 자신의 역할을 실행하는 권한을 가질 수 있어야 한다. 상담가의 역할과 책임은 분명하게 명시되어야 한다. 또한 상담자와 프로그램의 효율성을 정기적으로 검토하기 위해 상담절차를 규정해 놓아야 한다.

(대외비)   (P.E.F.E 양식)

현장경험에 대한 사적 평가

주의 : 표시하는 것을 돕기 위하여 1부터 10까지 구분한 단순한 등급체계를 사용하였음; 1=불충분, 10=양호. 해당 분야에서 평균적으로 드러난 상태/대처정도에 따라 각 주제에 관하여 자신을 평가해야 함. 표시한 것에 대해 덧붙일 말이 있는 경우에는 여백을 사용하기 바람.

1. 사적 영역

육체적 영역 :   1 (불충분) — 10 (양호)
일반적인 건강상태 :
    규칙적인 운동   · · · · · · · · · ·
    휴식 정도   · · · · · · · · · ·
    균형잡힌 식사   · · · · · · · · · ·
    수면 형태   · · · · · · · · · ·
질병 예방수단 :
    말라리아 약   · · · · · · · · · ·
    보조약   · · · · · · · · · ·
    위생상태   · · · · · · · · · ·
    휴일휴식   · · · · · · · · · ·

영적 영역 :   1 (불충분) — 10 (양호)
    일관된 헌신   · · · · · · · · · ·
    복음증거   · · · · · · · · · ·
    정기적인 성서연구   · · · · · · · · · ·

　　　　친교　　　　　　　　　　　· · · · · · · · · ·
　　　　기도생활　　　　　　　　· · · · · · · · · ·

정신적 영역 :　　　　　　　1 (불충분) — 10 (양호)
　　　　전문서적 탐독　　　　　· · · · · · · · · ·
　　　　세계화제 탐독　　　　　· · · · · · · · · ·
　　　　문학서적 탐독　　　　　· · · · · · · · · ·
　　　　취미생활 추구　　　　　· · · · · · · · · ·

정서적 분야 :　　　　　　　1 (불충분) — 10 (양호)
　　　　즐거운 느낌　　　　　　· · · · · · · · · ·
　　　　만족감　　　　　　　　　· · · · · · · · · ·
　　　　자기가치에 대한 인식　　· · · · · · · · · ·
　　　　낙천성　　　　　　　　　· · · · · · · · · ·
　　　　외로움　　　　　　　　　· · · · · · · · · ·
　　　　염려, 두려움　　　　　　· · · · · · · · · ·
　　　　좌절감　　　　　　　　　· · · · · · · · · ·
　　　　분노, 적개심　　　　　　· · · · · · · · · ·

2. 결혼생활과 가정생활

　　　　　　　　　　　　　　　　1 (갈등) — 10 (조화)

통일성 :
　　　　성 생활　　　　　　　　· · · · · · · · · ·
　　　　인격적인 면　　　　　　· · · · · · · · · ·
　　　　영적인 면　　　　　　　· · · · · · · · · ·

부모의 역할 :
　　　　자녀보호　　　　　　　　· · · · · · · · · ·
　　　　자녀훈련　　　　　　　　· · · · · · · · · ·

　　　　자녀교육　　　　　　　・・・・・・・・・・

가족과 함께하는 시간 대 일에 투자하는 시간:
　　아내 / 어머니　　　　　　・・・・・・・・・・
　　남편 / 아버지　　　　　　・・・・・・・・・・

3. 독신자 문제들
　　　　　　　　　　　　　1 (어려움) — 10 (용이함)

공동생활 :
　　가사운영　　　　　　　　・・・・・・・・・・
　　습관적응　　　　　　　　・・・・・・・・・・

문제처리 :
　　애정결핍　　　　　　　　・・・・・・・・・・
　　독신 정도 및 성적 긴장　・・・・・・・・・・
　　독신자들에 대한 다른 사람들의 태도
　　　　　　　　　　　　　　・・・・・・・・・・

여성들의 낮은 지위 문제처리 :
　　선교팀 내에서　　　　　　・・・・・・・・・・
　　현지인들 가운데서　　　　・・・・・・・・・・

4. 인간관계
　　　　　　　　　　　　　1 (어려움) — 10 (용이함)

　　동료들에 대한 적응　　　　・・・・・・・・・・
　　동료들과의 친밀한 우정　　・・・・・・・・・・
　　동료들과의 갈등해결　　　・・・・・・・・・・
　　다른 사람들의 잘못을 용서함　・・・・・・・・・・

현지인들과의 친밀한 우정 · · · · · · · · · · ·
현지인들과의 갈등해결 · · · · · · · · · · ·

5. 타문화 적응

　　　　　　　　　　　　　　　1 (불충분) – 10 (양호)

언어재능 :
　유용한 언어학습 교재　　　· · · · · · · · · · ·
　언어학습에서의 인내성　　· · · · · · · · · · ·
　듣기 능력　　　　　　　　· · · · · · · · · · ·
　말하기 능력　　　　　　　· · · · · · · · · · ·
　복음전달　　　　　　　　　· · · · · · · · · · ·

문화수용 :
　선교단체의 선교현장 오리엔테이션　· · · · · · · · · · ·
　문화적 차이 수용　　　　　· · · · · · · · · · ·
　자신의 이질성 문제처리　　· · · · · · · · · · ·
　자신의 인종주의 처리　　　· · · · · · · · · · ·
　현지인들과의 친밀한 관계　· · · · · · · · · · ·

현지교회와의 관계 :
　현지인 기독교인들과의 친교　· · · · · · · · · · ·
　현지인 교회 내에서의 사역　· · · · · · · · · · ·
　현지인 지도자와 함께　　　· · · · · · · · · · ·
　그 지도자 아래서의 사역　　· · · · · · · · · · ·

6. 사역

　　　　　　　　　　　　　　　1 (적음) – 10 (많음)

　예상사역과 실제사역의 유사성　· · · · · · · · · · ·
　사역의 만족감　　　　　　　· · · · · · · · · · ·

동일한 사역을 계속하려는 바람 ・・・・・・・・・
우선적인 사역 성공적으로 행하기 ・・・・・・・・・
시간관리의 어려움 ・・・・・・・・・
다른 사람들의 협력 ・・・・・・・・・
다른 사람들의 격려 ・・・・・・・・・

7. 선교팀 지도력

                            1 (불충분) − 10 (양호)

선교사 감독 ・・・・・・・・・
선교사들과의 의사소통 ・・・・・・・・・
현장 지도력에 대한 선교사의 평가 ・・・・・・・・・
정책과 전략에 대한 선교사의 동의 ・・・・・・・・・
선교사의 사적 필요의 돌봄 ・・・・・・・・・
선교사 자녀교육 ・・・・・・・・・

현지 교회와의 관계 :

현지인 그리스도인들과의 친교 ・・・・・・・・・
현지인 교회 내에서의 사역 ・・・・・・・・・

요 약

당신이 경험했던 것들을 아래 항목에서 대답해 주시기 바랍니다.

                            (예 / 아니오)

만족함 ・・・・・・・・・
환상에서 깨어남 ・・・・・・・・・
성숙의 효과를 가짐 ・・・・・・・・・
동일한 사역을 다른 사람에게도 추천할 의향이 있음

(주의 : 이 양식은 비밀사항이며 상담가만이 볼 수 있음)

프로그램에 나타난 주요 스트레스 분야

선교사가 상담을 받는 도중 드러낸 주요 긴장 분야는 아래와 같다. '의미심장한 노력(Significant Struggles)'은 각 분야를 표시한 선교사들의 비율을 나타낸다. P.E.F.E 양식의 1등급에서 10등급까지에서 (1=불충분/어려움, 10=양호/용이함) 4나 혹은 그 이하로 표시될 경우 P.E.F.E 항목이 중요하게 고려되었다.

1. 사적 분야   의미심장한 노력

영적 분야 :
a. 기도와 헌신생활 · · · · · · · · · · · · · · · 34%
b. 성서연구 · · · · · · · · · · · · · · · · · · · 34%
c. 그리스도 증거 · · · · · · · · · · · · · · · · 44%

정신적/정서적 분야 :
a. 외로움 · 17%
b. 두려움 · 23%
c. 저급한 자기 이미지 · · · · · · · · · · · · · 29%
d. 좌절감 · 37%
e. 분노 · 40%

2. 결혼생활과 가정생활 :
a. 부모의 역할 · · · · · · · · · · · · · · · · · 21%

b. 배우자와의 의사소통・・・・・・・・・・・・・・ 37%
c. 관계 불화: 육체적인 면, 정신적인 면, 영적인 면 ・・・・ 50%

3. 독신생활 :
a. 애정결핍・・・・・・・・・・・・・・・・・・・ 33%
b. 여성의 낮은 지위・・・・・・・・・・・・・・・ 55%
c. 동거인 선택권 부재・・・・・・・・・・・・・・ 66%

4. 인간관계 :
a. 친밀한 우정결핍・・・・・・・・・・・・・・・ 26%
b. 동료 사역자들과의 적응・・・・・・・・・・・・ 43%
c. 갈등 해결 :
    동료들과의 갈등해결 ・・・・・・・・・・・ 49%
    현지인들과의 갈등해결 ・・・・・・・・・・ 23%

5. 타문화 적응 :
a. 이질성・・・・・・・・・・・・・・・・・・・・ 14%
b. 언어학습・・・・・・・・・・・・・・・・・・・ 31%
c. 부적절한 선교현장 오리엔테이션 ・・・・・・・・ 34%

6. 사역 :
a. 사역의 미성취감・・・・・・・・・・・・・・・ 26%
b. 비현실적 기대・・・・・・・・・・・・・・・・ 26%
c. 비효율적 사역・・・・・・・・・・・・・・・・ 29%
d. 우선적인 사역이행・・・・・・・・・・・・・・ 31%
e. 협력과 격려의 부족・・・・・・・・・・・・・・ 31%

7. 선교 팀 내에서의 긴장 :
a. 각 분야 지도력과 전략·············43%
b. 지도자들과의 의사소통 ··········46%
c. 새 선교사에 대한 감독············57%

8. 현장경험의 요약 :
a. 성숙과정을 발견함···············86%
b. 새 지원자를 모집하겠음   아니오 ········9%
                             예   ········91%

결론과 추천

상담 프로그램의 결과에 따라 정상적으로 사역하는 선교사들을 위해 몇 가지 중요한 결론을 도출해낼 수 있다. 선교사 경력의 모든 단계를 포함하는 상담 프로그램의 필요성이 강조되었다.

1. 선교사는 극단적으로 스트레스를 받는 상황에 놓여 있으며 전인적인 돌봄을 필요로 한다.
2. 상담은 그러한 돌봄, 특히 선교사의 정서적, 심리적 안녕과 관하여 필수적인 요소이다.
3. 상담은 선교사가 그리스도 안에서 성숙하도록 돕는 데 효과적이다.
4. 대부분의 선교사들은 상담에 적극적이며 자신에게 도움이 된다는 것을 알고 있다.
5. 선교사들은 선교현장에 관한 효과적인 상담을 통해 혜택을 얻을

것이다.
6. 피상담자들을 위한 특별한 문제 분야들은 이렇다:
   a) 사생활과 결혼생활에서 야기된 몇 가지 주요한 문제들은 선교 현장 경험 이전에 이미 나타난 것으로 판명되었다.
   b) 독신 여성은 독특한 필요를 가지고 있는데, 무관심한 선교 팀 지도자들은 이것을 곧잘 무시했다.
   c) 타문화 스트레스는 자주 선배 선교사들의 지원과 지시가 부족함으로 인해 더욱 악화되었다.
   d) 인간관계에서의 갈등은 사적 스트레스를 야기한다. 사탄은 동역자들 사이에 불화의 씨앗을 뿌리기 위해 이것을 이용한다.
   e) 몇몇 선교 팀 지도자들은 회원들과 의사소통하고 그들을 감독하는 데 부적절한 것으로 판명되었다.
7. 선교사들의 감소 비율은 그들의 삶의 모든 단계에 관련한 상담을 행함으로써 감소될 수 있었다.10)

- 1단계   지원자: 예비적이고 예방적인 상담
- 2단계   제1기: 격려와 성장 상담
- 3단계   선배 선교사와 선교 지도자: 사적 성숙, 기타 상담
- 4단계   은퇴 선교사/본국 귀국 선교사: 배치전환 상담

---

10) 선교사 상담에 관한 자세한 내용은 다음의 논문에서 찾아볼 수 있다: 『내 백성들이 자라게 하라』(*Let My People Grow*), J.A. Dennet 박사, 계간 『복음선교』(*Evangelical Missions*: Quarterly), 4월호, 1990, pp. 147-152. 또한 추천도서 목록에 게재된 필자의 졸저에서도 찾아볼 수 있다.

한번 더 생각하고 행동하기

1. 이 장 처음에 제기한 질문들과 관련하여 귀국 선교사들을 위해 필요한 계획은 무엇인가?
2. 본교회와 선교단체는 귀국 선교사들을 위해 목회적 돌봄과 상담을 제공하기 위해 어떻게 협력할 수 있는가?
3. 여러분의 교회에는 훈련받은 상담자가 있는가? 아니면 위의 2번 질문의 해결을 도울 수 있는 다른 전문가를 섭외할 수 있는가?
4. 선교사 상담과 선교보고서 관리 프로그램을 제공할 수 있는 지역 센터 건립을 고려해 보라.
5. 선교위원회는 앞에 열거한 '주요 스트레스 분야'에 관해 연구해야 한다. 그러고 나서 여러분의 교회에서 파송한 선교사가 그러한 스트레스들을 경감시키도록 어떻게 도울 수 있는가에 대해 생각해 보라.
6. 여러분의 교회 도서관에는 선교에 관한 어떤 서적들이 비치되어 있는가?
7. 여러분의 교회는 선교적 노력이 더욱 효과적으로 되도록 하기 위해 어떤 서적들과 논문들을 입수해서 연구해야 하는가?

추천 도서

Anderson, I. N. (1984) *Christianty and World Religions*. Downers Grove, IL:Inter-Varsity Press.

Brewster, E.T. & E.S. (1976) *Language Acquisition Made Practical (LAMP): Field Methods for Language Learners*. Colorado Springs, CO: Lunga House.

Dennett, W. D. (1996) *Sharing God's Love with Muslims: Effective Guidelines for Christians*. South Holland, IL: The Bible League.

Evangelical Missions Quarterly, Published by the E.M.I.S., PO Box-794, Wheaton, IL 60189.

Fuller, Lois (1991) *The Missionary and His Work*. Jos, Nigeria: Capro Media Services, PO Box 6001, Jos, Nigeria.

Hesselgrave, D.I. (1984) *Communicating Christ Cross-culturally*, Grand Rapids, MI: Zondervan.

Johnstone, P. (1993) *Operation World*. Wayneboro, GA: STL.

Larson, D.N. (1984) *Guidelines for Barefoot Language Learning*.

St. Paul, MN: CMS.

Lewis, J. (editor) (1993) *Working your Way to the Nations: A Guide to Effective Tentmaking*. Pasadena, CA: William Carey Library.

Lingenfelter, S.G. & Mayɛrs, M.K.(1986) *Ministering Cross-culturally*. Grand Rapids, MI: Baker Book House.

Loss, Myron (1983) *Culture Shock: Dealing with Stress in Cross-cultural Living*. Winona Lake, IN: Light & Life Press.

Patc, Larry (1989) *From Every People: A Handbook of Two-third World Missions with Directory/Histories/Analysis*. MARC/OC Ministries. Available from OC Ministries, 25 Corning Ave., Milpitas, CA 95035-5336.

Taylor, William David (editor) (1991) *Internationalizing Mssionary Training: A Global Perspective*. Grand Rapids, MI: Baker Book House.

Winter, R. & Hawthorne, S.C. (editors) (1992) *Perspectives on the World Christian Movement: A Reader*. Pasadena, CA: William Carey Library.

Yamamori, T. (1993) *Penetrating Missions Final Frontier: A New Strategy for Unreacbed Peoples*. Downers Grove, IL: Inter-Varsity Press.

선교적 돌봄을 위한 도서 :

Dennett, I.A. (1990) *Personal Encouragement and Growth for*

Every Missionary. Australia: Gospel & Missionary Society. (Distributed by SIM International home offices.)

Foyle, Marjory(1987) *Honourably Wounded: Stress among Chrtstian Workers*. England: MARC.

Goldsmith, Martin (editor) (1984) *Love your Local Missionary*. England: STL & MARC.

O'Donnell, K.S. & K. .L. (1988) *Helping Missionaries Grow: Readings in Mental Health and Missions*. Pasadena, CA: William Carey Library.